하나님의 히든 카드
다윗의 세대

마지막때 열방과 이스라엘의 대부흥을 위해 준비시키신
DAVID'S GENERATION

하나님의 히든카드
다윗의 세대

최석일 지음

들어가는 글
마지막 늦은 비의 대 추수의 때가 오고 있다

　전 세계는 지금 인류 역사상 초유의 급변하는 시기를 지나고 있다. 사람들의 얼굴에는 형형색색의 마스크가 씌워지고 있다. 심지어 얼굴에 무언가 씌워져 있지 않으면 어색함마저 들게 한다. 2019년 12월에 시작된 코로나바이러스로 인해 비대면 만남과 사회적 거리 두기와 같은 신조어가 생겨나기 시작했다. 러시아-우크라이나 전쟁의 장기화로 인한 인플레이션의 증가로 물가는 천정부지로 치솟고 있다. 동시에 부익부 빈익빈 현상이 더욱 심화하고 있다. 일반 서민들의 삶도 계속해서 힘들어지고 있다.

사람들 사이에 직접 대면 만남도 줄어들었다. 인류는 하루에 수많은 시간을 스마트폰에 할애하게 되었다. 메타버스라는 말도 생겨났다. 가상 공간에서 의사소통한다는 뜻이다. 21세기를 살아가는 우리는 점점 페이스북, 유튜브와 같은 소셜 미디어를 통해서 필요한 정보를 얻고 있고, 기존 방식은 빠르게 전통이 되어 가고 있다. 부작용도 심각하다. 사람들이 자신에게 편한 것만 받아들이는 것이다. 이를 확증 편향 현상이라고 한다. 듣고 싶은 것만 골라서 듣는 것을 의미한다. 이로 인한 불균형 현상이 심화하고 있다. 세상 속에 정의와 공의가 점점 사라져가고 있다.

예수님께서는 우리에게 세상의 빛과 소금으로 살아갈 것을 말씀하셨다. 오늘날 교회는 안타깝게도 분별력을 잃어가고 있는 것처럼 보인다. 기준이 모호해진 결과다. 하나님의 말씀이라는 정확한 중심을 잃어버리고 세상과 적당히 타협한 결과다. 이는 결국 세상에서 시행하는 법과 정부 정책들을 무분별하게 수용하는 결과를 낳았다. 교회는 겸손함으로 다시 깨어나야 한다.

세상에 말세의 징조가 넘쳐나고 있는데 더 이상 잠들어 있어서는 안 되겠다. 주님을 모르는 사람들도 '말세야 말세'라는 말을 입에 달고 살 정도다.

코로나(Coronavirus)는 왕의 대관식(Coronation)이라는 뜻이다. 하나님은 이제 인류 역사상 전례 없는 마지막 영혼 대추수를 하실 것이다. 왕 중의 왕이시며 구원자이신 예수 그리스도의 신부 된 교회가 단장하고 왕을 맞이할 준비의 시기가 얼마 남지 않았다.

전염병을 두려워하며 벌벌 떠는 자는 앞으로 다가올 환난을 이겨낼 야성의 믿음을 갖기가 어렵다. 지금은 살고자 하는 믿음보다 죽으면 죽으리다 하며 나아가는 신앙적 고백이 가슴 깊이 새겨져야 한다. 성경의 언약은 지금도 빠르게 끝을 향해 달려가고 있다. 말씀의 많은 부분이 성취되고 있기 때문에 지금을 마지막 때라고 부른다. 코로나 이후로 하나님의 언약 성취가 더욱 가속화되고 있는 것을 느끼는가?

지금 이 마지막 때, 모든 지식과 정보가 인터넷을 통해 빠르게 왕래하고 있고, 공유되며 노출되어 가고 있다.

하나님은 전 세계 사람들에게 지금 어떤 말씀을 하고 계신 것일까? 성경에서 아직 성취되지 않은 예언은 어느 부분일까? 교회가 과연 이스라엘로 대체된 것이 맞을까? 이스라엘을 왜 알아야 하는가? 하나님께서 이스라엘이라는 민족을 선택하셨고 지금도 그 선택이 유효하다는 사실을 알아야 한다.

온 열방에 복음이 전파되면 그제야 끝이 올 것이다. 유대인을 통해 전해진 복음이 다시 유대인을 향해 달려가고 있다. 하나님은 마지막 대 추수의 세대를 광야에서 훈련해 오셨고 이제 그 히든카드를 사용하실 것이다. 미혹과 거짓 술수가 넘쳐나는 이때 거룩한 남은 자의 그룹이 있다. 이제부터 어떻게 이 그룹이 준비되어 왔고 마지막 날 어떤 역할을 감당하게 될 것인지 그 흥미로운 이야기로 초대하고자 한다.

들어가는 글_ 마지막 늦은 비의 대 추수의 때가 오고 있다

CHAPTER 1
지금은 마지막 때

1. 한중일과 이스라엘

- 14 — 대한민국과 이스라엘
- 16 — 대한민국이여 깨어나라
- 17 — 70년의 기한이 차는 때
- 20 — 일본에서 시작될 부흥의 쓰나미
- 22 — 1억 명의 군대 중국 지하교회
- 26 — 북한을 지나 실크로드를 밟는 세대
- 26 — 지금은 중국을 가슴으로 품어내야 할 때
- 32 — 터키에서 만난 중국인 부부
- 42 — 중국 선교를 넘어 선교 중국으로
- 43 — 중국 지하교회로의 부르심과 예슈아의 나타나심
- 46 — 이스라엘을 위해 기도하고 이스라엘을 향해 축복하라

CHAPTER 2
하나님 나라의 히든 카드 다윗의 세대

1. 다윗의 등장

59 — 사울의 진에 나타난 다윗

65 — 사도적 기름 부으심

69 — 교회사와 마지막 때의 대 부흥

72 — 모세와 여호수아 세대

74 — 실크로드의 영적 관문과 대로

76 — 다윗의 세대와 골리앗

79 — 다윗이 나타나다

2. 다윗의 준비

83 — 고독과 외로움

3. 다윗의 선택

88 — 하고 싶은 것과 해야 하는 것

4. 다윗의 시간

- 94 — 3가지 다른 시간
- 199 — 히브리적 시간의 비밀
- 101 — 5770과 5780의 시간 계산법

5. 다윗의 무장

- 104 — 병사에서 군대장관으로
- 105 — 이기는 자
- 110 — 다윗의 무기
- 113 — 마지막 때 정직과 거룩의 훈련

6. 다윗의 대가

- 117 — 두려움의 극복
- 119 — 영 분별의 훈련
- 121 — 고립의 시간

7. 다윗의 장막

125 ― 하늘 보좌를 흔드는 천상의 예배

130 ― 다윗의 장막과 초대교회의 회복

131 ― 땅과 하늘의 데스티니

8. 다윗의 최후

133 ― 스가랴 8장 23절의 비밀

135 ― 세상 바빌론과 하나님 나라

마치는 글

본서는 새번역 성경을 사용하였고,
기타 번역은 따로 표기하였습니다.

CHAPTER 1

지금은 마지막 때

1. 한중일과 이스라엘

(이사야 24:15) 동쪽에서는 사람들이 주님께 영광을 돌릴 것이다. 바다의 모든 섬에서는 사람들이 주 이스라엘의 하나님의 이름을 찬양할 것이다.

대한민국과 이스라엘

마지막 때의 시간표를 정확히 아는 척도는 먼저 "이스라엘을 아는 것"이다. 이스라엘이 열려야 하나님의 시간표가 보인다. 2000년 동안 나라를 잃고 뿔뿔이 흩어져서 고난의 역사를 겪어야만 했던 유대인들은 다시 본토인 이스라엘 땅으로 돌아가고 있다. 1948년 5월 14일, 이스라엘은 이제 한 국가로 새 출발을 하게 된다. 이는 성경적으로 볼 때 놀라운 예언의 성취가 아닐 수 없다. 같은 해 저 동방의 작은 나라 대한민국 땅에서도 비슷한 사건이 있었다. 새로운 나라로서 역사적인 첫 발걸음을 내딛었던 것이다. 1948년 8월 15

일, 이날은 대한민국이 일제로부터 독립을 얻어낸 광복절이자 건국이 시작된 날이다.

8월 15일은 광복절인 동시에 건국절로 지키는 것이 마땅하다. 우리 민족은 지난 수천 년의 역사 가운데 숱한 전쟁과 핍박, 수탈과 피 흘림 가운데 살아왔다. 그런 우리를 한민족이라고 부른다. 참으로 가슴에 한이 깊숙이 자리 잡은 민족이다. 이스라엘도 마찬가지다. 끊임없이 전쟁과 포로 생활을 겪어야만 했고 심지어 2000년 동안 나라를 잃었다. 계속 흩어져 살아온 것이다. 전 세계에 흩어진 민족이라는 뜻의 단어인 '디아스포라'가 가장 많은 나라가 중국, 이스라엘 다음으로 한국이다. 중국이야 인구가 많아서 그럴 수 있다고 치자. 하지만 한국이라니 그 속에 어떤 비밀이 담겨 있는 것일까? 왜 하나님께서는 이스라엘과 대한민국이 그토록 비슷한 점이 많게 두셨을까?

우리와 다르게 이스라엘의 유대인들은 자기 고향 땅을 잃고 평생 유랑자의 삶을 살아야 했다. 오순절 마가의 다락방에서 성령을 받게 된 예수님의 제자들은 실크로드 길을 따라 동방의 저 작은 나라까지 오게 되었다. 유대인들이 한 알의 밀알이 되어서 열방 곳곳에 완전히 심긴 것이다. 그 복음의 씨앗이 자라나서 이방인들이 신앙을 받아들이기까지 열매를 맺게 된다.

대한민국이여 깨어나라

나는 지난 수년간 많은 나라의 사람들을 만나볼 기회가 있었다. 그들은 한국이라는 나라가 정확히 어디에 있는지는 몰라도 여의도순복음교회 조용기 목사님 이름 정도는 알고 있었다. 이제는 한류 열풍 덕에 대한민국이라는 이름의 위세는 상상을 초월할 정도다.

한국 교회는 "주여 삼창" 기도로 유명하다. 강력한 기운을 내뿜으며 두 팔을 높게 들고 외치는 통성 기도는 대한민국 전체에 돌파의 능력을 가져다 주었다. 우리의 자랑스러운 선조들은 1950년 6.25 전쟁 이후 가난을 극복했고 괄목할만한 경제 성장을 이루어냈다. 과연 70년이라는 짧은 시간에 일어난 기적이 아닐 수 없다. 하지만 지금의 대한민국은 안전불감증에 빠져있는 것 같다. 자동차로 몇 시간만 달리면 북한인데, 우리 국토가 두 동강이 나 있는 사실을 잊고 살고 있는 것처럼 보인다. 남북분단의 뼈아픈 현실은 끝나지 않았다. 정치권에서도 이젠 좌와 우의 분명한 경계선이 없는 것이 보일 정도다.

미디어의 과도한 조장으로 인한 폐해가 심각하다. 한국전쟁을 직

간접적으로 겪어보았을 만한 할아버지 세대들도 미혹되어 간다.

북한이 잘 먹고 잘 사는 나라가 되었다는 망언을 서슴없이 내뱉는 것이다. 큰 충격이었다. 이산가족의 아픔은 더 이상 나의 아픔이 되지 못한다. 나와 상관 없기 때문이다. 이렇게 왜곡된 역사는 다음 세대에 심각한 악영향을 끼친다. 아이들에게 정확한 역사관을 갖지 못하게 한다. 세상에 대한 삐뚤어진 시선과 잘못된 생각의 뿌리는 그른 결정으로 이어지게 될 것이다. 이런 병폐를 막기 위해 가정에서부터 올바로 가르쳐야 한다. 가정이 변해야 교회가 변하는 것이다. '나 한 사람쯤이야'가 아니다. '나 한 사람이라도'라는 마음을 갖자. 사회 속에서 하나님의 미쉬파트와 쩨다카, 즉 정의와 공의를 실천해야 한다.

70년의 기한이 차는 때

전 세계 기독교 박해 1위 국가는 요지부동 북한이다. 중동의 아프가니스탄이 1위를 하기도 하지만 북한이 가장 심각하다. 아프가니스탄이나 시리아와 같은 땅은 성경에서 복음의 영화를 누렸던 땅이다. 과거 부귀영화를 누렸던, 한때는 찬란했던 나라들이 지금은 전쟁의 폐허로 전락해버렸다. 북한은 어떤가? 평양 장대현 교회의 부흥이 있었던 기적의 땅에 지금은 우상이 세워져 있다. 남과 북이 갈라져서 전쟁을 잠시 멈춘 이래 70년이 꽉 채워졌다.

> (다니엘서 9:2) 곧 그가 통치한 첫 해에, 나 다니엘은 거룩한 책들을 공부하면서, 주님께서 예레미야 예언자에게 하신 말씀, 곧 예루살렘이 칠십 년 동안 황폐한 상태로 있을 것을 생각하여 보았다.

선지자 다니엘은 예레미야서를 보고 70년이 차면 이스라엘 백성들이 바벨론 포로에서 해방될 것을 깨달았다. 지금 한국의 그리스도인들은 반드시 깨달아야 한다. 1953년 7월 27일에 이뤄진 휴전 협정의 70년 기한이 차는 때가 2023년이라는 사실을 말이다. 곧 하나님께서 정하신 70년이 꽉 차오르는 카이로스의 시간대로 진입하게 된다.

하나님께서 대한민국에 통일을 주시지 않는 이유는 무엇일까? 수많은 탈북민들, 국가와 민족을 위해서 기도해오신 많은 주의 종들이 이구동성으로 한국교회가 준비되지 않아서라는 주의 음성을 선포해오셨다. 이제 그 시간이 가까워지고 있음을 피부로 느껴야 한다. 장차 통일한국은 세계 5위권 안에 드는 초강대국이 될 것이다.

이미 북한에는 아직도 발견되지 않는 지하자원들이 많다. 통일이 되면 남한 사람들의 삶이 더 궁핍해지는 것이 아니다. 오히려 정반대로 더욱 부강하게 될 것이다. 한국 교회는 통일 이후를 준비하고 있어야 한다. 그런데 대다수의 교회가 그렇지 못하니 현실이 안타까울 따름이다.

하나님의 크신 은혜로 나는 중국 군사 도로를 통해 북한의 회령과 유선동, 김일성의 모친인 강반석의 생가 앞까지 다녀왔다. 철조망 너머로 들려오는 아이들의 울음소리, 자동차 경적, 그 땅에서 맡았던 냄새를 잊지 못한다. 저 멀리 보여도 지금은 자유롭게 갈 수 없는 북녘땅을 향해 두 눈을 감고 기도할 때 주의 성령께서 내게 말씀을 주셨다.

> (에스겔 37:9~10) 9 "그 때에 그가 내게 말씀하셨다. "사람아, 너는 생기에게 대언하여라. 생기에게 대언하여 이렇게 일러라. '나 주 하나님이 너에게 말한다. 너 생기야, 사방에서부터 불어와서 이 살해당한 사람들에게 불어서 그들이 살아나게 하여라.'" 10 그래서 내가 명을 받은 대로 대언하였더니, 생기가 그들 속으로 들어갔고, 그래서 그들이 곧 살아나 제 발로 일어나서 서는데, 엄청나게 큰 군대였다."

중국 톈진을 지나 북경과 민족 저항 시인 윤동주 선생의 생가가 있는 만주 땅의 용정과 두만강가를 거닐었다. 바라봐도 갈 수 없는 저 북한을 향해 눈물로 기도했다. 그 후 단둥에도 갔다. 현재까지도 북한에 억류되어 있는 김OO 선교사님께서 북한으로 들어가시기 전날 밤에 머무셨던 가정교회로 성령께서 인도하셨다. 그곳에서 한국 선교사님께서 말씀하셨다.

"세상에서 가장 위험한 분단국가는 남한인데, 가장 안전 불감증에 빠진 국가도 남한입니다. 반면에 세상에서 가장 겁 없는 그리스도인들은 북한의 지하교회 성도들입니다."

일본에서 시작될 부흥의 쓰나미

통일은 순식간에 이뤄질 것이다. 동독과 서독을 가로막았던 베를린 장벽이 무너졌던 것처럼 말이다. 동시다발적으로 마지막 대부흥에 있을 추수가 쓰나미처럼 일어날 것이다. 그 시작점은 아시안 하이웨이의 출발인 일본이 아닐까 싶다. 이미 조선 땅에 서양 선교사들이 복음을 들고 오기 수백 년 전에 일본에 가톨릭 선교사들이 들어온 일이 있었다. 그들 중 일부는 유럽의 스페인과 이탈리아 지역에 이동하여 세례를 받고 살아가게 되었다는 놀라운 역사를 일본에서 듣게 되었다.

일본은 예수 없는 의인의 나라라는 수식어도 있다. 일본인이 보편적인 예의와 민족성이 높다는 것이다. 반면에 일본은 침략의 나라이기도 하다. 수 세기 동안 우리의 선조들은 외세의 공격을 받아왔다. 특히 일본의 끊임없는 약탈과 갈취의 뼈아픈 긴장 속에서 살아가야만 했었다. 하지만 이미 전 세계적으로 용서와 화해의 운동이 일어나고 있다. 한국과 일본의 그리스도인들을 통해 불가능처럼 보였던 일들이 가능하게 된 것이다. 한국과 중국과 일본이 하나 되고 있다. 중동 땅에서도 비슷한 연합의 움직임이 있다. 성경의 말씀이 급속도로 성취되는 것이다.

> (이사야 19:23~25) 23 "그 날이 오면, 이집트에서 앗시리아로 통하는 큰길이 생겨, 앗시리아 사람은 이집트로 가고 이집트 사람은 앗시리아로 갈 것이며, 이집트 사람이 앗시리아 사람과 함께 주님을 경배할 것이다. 24 그 날이 오면, 이스라엘과 이집트와 앗시리아, 이 세 나라가 이 세상 모든 나라에 복을 주게 될 것이다. 25 만군의 주님께서 이 세 나라에 복을 주며 이르시기를 "나의 백성 이집트야, 나의 손으로 지은 앗시리아야, 나의 소유 이스라엘아, 복을 받아라" 하실 것이다."

1억 명의 군대 중국 지하교회

"열 명의 일본인이 모이면 회사를 세우고, 열 명의 중국인이 모이면 식당을 차리고, 열명의 한국인이 모이면 교회를 개척한다"라는 말이 있다. 하나님은 마지막 때 대한민국을 높이 들어서 놀랍게 사용하실 것이다. 그래서 지난 수천 년의 역사 가운데 우리 한민족을 많이 낮추시고 겸손하게 핍박받는 역사를 지나도록 하셨던 것 같다. 불과 70년 전만 하더라도 한국이라는 나라는 지구상에서 가장 밥 먹고 살기 어려운, 가난한 나라였다. "잘살아 보세" 외치며 새마을 운동을 펼치며 전국에 고속도로와 고층 빌딩을 짓기 시작했고, 아버지 어머니 세대는 외화를 벌기 위해 저 멀리 독일 땅에서 광부와 간호사로 일을 해야 했다. 대한민국이 가난의 역사 가운데 교회가 폭풍 성장을 이뤄왔다면 한국을 중심으로 좌편에 있는 중국도 비슷한 시간대를 지나오지 않았을까?

중국은 1960년대에 모택동이 국민당 장개석을 대만으로 몰아내고 혁명을 일으켜서 공산주의 정권을 수립한 나라이다. 민주주의와 공산주의의 대립 구도였다고 할 수 있을까? 한국어 표기명으로 모택동이라 불리는 마오쩌둥은 공산정권을 수립하고 수많은 지식인과 종교인들을 숙청했다. 그는 남아 있던 해외 선교사들을 감금 또는

추방했다. 예수 믿는 많은 중국의 그리스도인들을 살해하는 만행까지 저질렀다. 공산주의 체제 아래 타 종교는 존재할 수 없었다. 사회주의의 주적은 바로 기독교인들이기 때문이다.

순교자의 피는 기독교의 꽃이라 했던가? 사탄은 공산주의와 사회주의라는 이념적 갈등을 만들어 왔다. 궁극적으로 기독교인들을 말살시키려고 온갖 시도를 다 해 온 것이다. 그 모습을 가장 잘 압축해 놓은 모습이 성경에 나온다. 예수님 시대에도 로마 제국의 압제 속에 유대인들이 초대교회로서 신앙을 지켜낸 것이다.

중국의 지하 교회는 예수님 시대의 초대교회를 떠올리게 만든다. 구약 시대의 하나님을 믿었던 유대인들은 회당에서 모임을 가졌다. 신약에 이르러 예수님께서 오시고 유대인들은 예수님을 믿게 된다. 이를 메시아닉 유대인이라고 하는데 그들은 모이기 용이한 각 가정과 순교자의 터에서 만났다. 로마 제국의 핍박과 압제 속에서도 참 신앙을 굽히지 않고 지켜내었다. 21세기의 최첨단 시대 속에 무슨 지하 교회냐고 반문하는 이가 있을 수도 있겠다.

지금은 명백히 마지막 시대다. 우리는 다시 3세기의 카타콤 신앙을 회복해야 한다. 중국을 보면서 가장 성경적인 교회인 지하 교회를 준비해야 한다. 사탄은 전체주의를 실현하려고 할 것이다. 그들만의 유토피아적 세상을 건설하려고 한다. 창세기 11장 바벨탑 사건과 비슷하다. 소수의 엘리트층이 다수를 다스리는 구도가 되어 가고 있다. 신세계 질서를 확립하고 있다. 이때 교회는 더욱 깨어서 교회의 본질만 사수하도록 힘써야 할 것이다.

중국 공산당의 검열과 통제가 점점 더 가속화되고 엄격해지고 있다. 그런데도 불구하고 중국 내의 지하 교회는 기하급수적으로 그 숫자가 더욱 증가해왔다. 중국에는 크게 지하 교회로 불리는 가정 교회와 3자 교회, 도시 교회의 3가지 형태가 존재한다. 3자 교회는 정부의 통제 아래 운영되는 교회를 말한다. 도시 교회는 젊은이들이 일자리를 얻기 위해 농촌을 떠나 도시에서 교회 공동체를 이룬 형태를 일컫는다. 하나님께서는 왜 중국 안에 이러한 핍박을 허락하셨을까? 16억이라는 전 세계 최고의 숫자를 자랑하는 중국인 중에 무려 1억 명 이상이 그리스도인이 되었다. 주님은 이들을 향한 엄청난 계획을 숨겨 놓으셨기 때문이다.

> (이사야 49:11~13/개역개정) 11 내가 나의 모든 산을 길로 삼고 나의 대로를 돋우리니 12 어떤 사람은 먼 곳에서, 어떤 사람

은 북쪽과 서쪽에서, 어떤 사람은 시님 땅에서 오리라 13 하늘이여 노래하라 땅이여 기뻐하라 산 들이여 즐거이 노래하라 여호와께서 그의 백성을 위로하셨은즉 그의 고난 당한 자를 긍휼히 여기실 것임이라

지금, 이 마지막 때에 하나님께서는 당신의 백성들을 통해 왕의 다시 오실 길을 예비시키고 계신다. 이사야서 49장 12절에서 시님 땅은 중국 땅을 의미한다. 중국이 하나님 나라 안에서의 한 퍼즐 조각이라는 것을 알 수 있다. 중국 교회가 예수 그리스도의 이름을 위해 얼마나 큰 고난과 수고를 감당해야 할까? 하나님 나라의 군대는 시님 땅에서 나오는 거대한 무리를 통해 이슬람이라는 이름으로 높게 서 있는 산을 평평하게 만들 것이다. 마지막 대 영혼 추수의 일꾼으로서 중국인들이 무슬림을 끌어안고 전도하게 하실 것이다.

북한을 지나 실크로드를 밟는 세대

세계에는 크게 4가지의 종교가 존재하는데, 기독교, 불교, 힌두교 그리고 이슬람교다. 물론 세부적으로는 더 많은 거짓 우상과 이단들이 존재하고 있다. 앞으로 성령님께서 일으키실 영적 대각성과 대부흥의 마지막 대추수를 위한 쓰나미는 일본에서 시작되고, 동시에 남

한과 북한이 통일되어 중국의 가족들과 손을 잡고 중동과 이스라엘까지 뻗어 나가게 될 것이다.

아시안 하이웨이는 일본에서부터 시작되며 한국의 부산을 지나 평양까지 나아가고 만주 땅을 거쳐서 중국의 실크로드를 관통하게 될 것이다. 이들 하나님 나라의 군대는 가는 곳마다 교회를 개척할 것이고 수많은 이들이 예수님께 돌아오게 될 것이다. 이들 중국인에게 영적 부흥의 용광로와 같이 활활 타오르는 뜨거운 불을 붙여줄 민족이 바로 통일한국이다. 지구상에 가장 많은 고난과 핍박을 받아온 북한의 그리스도인이 해야 할 역할이 있는 것이다. 마지막 지상 대명령을 감수하라고 짧은 시간에 퍼부어주시는 은혜를 받은, 남한의 그리스도인들이 이뤄야 할 사명이 이 분단된 조국에 있는 것이다.

지금은 중국을 가슴으로 품어내야 할 때

중국의 경제는 기하급수적으로 성장해 왔다. 1980년대 이후 세계 굴지의 대기업들은 굴뚝 없는 공장인 중국에 너도나도 와서 해외 지사를 설립하고 중국의 값싼 노동력을 통해 생산 단가를 낮추어 성공을 이뤄왔다. 일상생활에 쓰이는 생필품 중의 열이면 아홉이 중국산인 이유가 여기에 있다. 중국의 얄궂은 전략 중 하나는 저렴하게 노동력과 토지를 임대하는 대신에 중요한 기술력을 본국에 공개해달라는 것이었다. 모방은 창조의 어머니라고 했던가? 중국의 짝퉁 모방 기술은 세계 최고를 자랑해왔다. 이제는 더 한 걸음 성장하여 자동차, 군사, 여러 산업에 있어 세계의 일인자 자리를 탈환할 때가 코앞으로 성큼 다가오고 있다.

중국의 경제 성장은 복음의 유통이라는 또 하나의 기회의 장을 마련해 주고 있다. 한국인들이 선교사로서 들어갈 수 없는 이슬람 국가에 이제는 중국인들이 들어가고 있는 것이다. 이는 중국의 산업이 그만큼 후진국에 발전을 지대하게 기여하고 있다는 뜻이기도 하다. 세계 어딜 가도 중국인들이 없는 곳이 없다. 나는 아프리카 케냐와 우간다에서, 그리고 인도와 네팔과 같은 나라에서 도로, 수도, 가스 등 인프라를 구축하는 중국의 사업가들을 만났다. 대다수가 예수님을 모르는 사람들이었다. 중국인들은 이미 일대일로라는 국가적 차원의 프로젝트를 통해 세계를 삼키려 들고 있다. 만약 이들이 복음을 받아들이고 예수님을 전한다면 어떨까? 중국인들이 가장 관심 있는 분야의 공통분모는 어떻게 하면 경제를 발전시키고 돈을 벌 수 있는가다. 한국 교회는 선교 전략적으로 미전도 종족을 타겟으로 해야 한다. 앞으로 만나게 되는 중국인들에게 복음을 전하고 중국 선교사들에게는 큰 비전을 심어주어야 한다.

> (시편 110:3/개역개정) 주의 권능의 날에 주의 백성이 거룩한 옷을 입고 즐거이 헌신하니 새벽 이슬 같은 주의 청년들이 주께 나오는도다

주님은 내게 마지막 때의 중국인들이 코끼리처럼 거대한 그리스도의 몸으로 일어나게 될 것을 말씀해 주셨다. 그리고 그 불을 붙이는 민족이 말처럼 빠르게 달리는 우리 대한민국이라는 것도 알려 주셨다. 지금까지 주님은 무엇을 말씀하시면 직접 보거나 경험하게 하셔서 비전이 실제화되고 삶이 되며 가슴으로 이해하는 은혜를 주셨다. 마지막 때 시님 땅에서 나오게 될 중국 교회와 관련된 한 간증을 소개하고자 한다.

2015년에 나는 태국의 치앙마이에 일주일간 '하나님과의 친밀함'이라는 주제로 강의를 하러 갔다. 선교사 훈련원장님은 이곳에 강사로 오시는 분들은 대부분 선교 필드에서 적어도 30년 이상씩은 경험이 있는 베테랑들이라고 말씀하셨다. 상대적으로 젊어 보이는 나에게 신학교 교과서를 강의할 계획이면 다시 한국으로 돌아가는 편

이 좋을 것 같다고 정중히 권면을 해주셨다. 그만큼 머리의 지식으로 접근해서는 안 되는, 성령님의 도우심과 은혜가 필요한 곳이기도 했다. 강의실 문을 열고 들어간 순간 나는 놀라움을 금치 못했다. 선교사님들이라고 해서 나이가 많을 것이라는 나의 예상은 완전하게 빗나갔다. 대부분 필드에서 5년 이상씩의 장기 선교사의 경험이 있는 분들이라고 해서 중년일 것이라 생각했지만, 이들의 평균 연령대는 30대 초반이었다.

이곳에서 약 열다섯 가정을 만났다. 싱글인 형제자매도 있었다. 잊지 못할 한 가정을 통해 역사하신 하나님의 은혜를 나누고자 한다. 이 가정은 아프가니스탄에서 5년 동안 한국 돈 20만 원으로 버텨내야 했다. 그들은 너무도 지쳐 보였다. 이들의 내면은 갈기갈기 찢겨 있었다. 중국 교회가 선교의 걸음마를 떼는 때에 선교지로 파송되었던 희생양이라고 봐도 과언이 아닐 것이다. 전방으로 내보내졌지만, 후방 교회의 후속 조치가 없이 그대로 방치 되었다. 이 젊은 선교사 부부는 가난한 타지 생활의 연속에서 오는 배고픔과 홀로 남겨진 것만 같은 외로움 속에서 살아왔다. 오직 하나님을 위해 이 한 몸 불살라 젊음을 바친다고 자원하여 헌신했지만 현실에서 오는 고통은 말로 표현할 길이 없어 보였다. 그렇기에 선교에는 보내는 이들의 후원과 기도, 의료 혜택, 자녀 돌봄과 교육, 안식년 지원, 나아가 지속적인 관심과 사랑이 필요하다.

태국에서 머무는 동안 나는 오전에는 강의를 하고 오후에는 점심 식사 후 밤늦게까지 2~3명의 그룹을 이뤄 4~5시간씩 심층 면담을 가졌다. 이들을 통해 중국 교회에 대한 깊이 있는 관점을 갖고, 중국 교회에 필요한 것이 무엇인지 깨닫게 되었다. 사람을 움직이는 것은 해박한 지식과 전문 용어가 아니라는 것을 배웠다. 사람의 심령을 터치하는 것은 성령님께서 때에 따라 주시는 레마의 말씀과 하나님의 사랑이라는 것을 상담을 통해 배우게 하셨다.

강의 마지막 날이 하이라이트였다. 하나님께서 예비해놓으신 선물이었던 것 같다. 마지막 강의 날을 앞두고 전날 밤에 기도를 했다. 그날따라 온몸에 강한 전율이 느껴졌다. 한국에서 많은 분께서 중보 기도해주시고 있다는 것을 영 안에서 깨닫게 되었다. 이것이 중보 기도의 비밀이다. 하나님은 우리와 기도를 통해서 교제하기를 원하신다. 성령 안에서의 교제와 교통의 역사라는 것은 하나님과 우리 사람 사이의 중재자 되시는 예수 그리스도의 이름을 믿으며 기도할 때 일어나는 것임을 깨닫게 하셨다.

강의 마지막 날, 성령께서는 선교사 훈련생들로 하여금 각자 시간을 갖도록 할 것을 말씀해주셨다. 부부는 부부끼리, 싱글은 두 명씩 짝을 지어 교실 밖 자연으로 나가서 시간을 보내고 오게 하였다. 그들이 해야 할 미션은 '용서와 화해'였다. 밖에 나갔던 사람들이 삼삼오오 강의실로 되돌아왔을 때, 하나님의 강력한 임재가 강의실 안 전체와 사람들 모두를 감싸 안았다. 사람들의 눈가에는 촉촉한 눈물로 이미 가득 차 있었다. 여기저기서 흐느끼는 눈물이 폭발했다. 이들은 서로가 부둥켜안고 울었다. 그 자리에서 무릎을 꿇고 용서를 구하기 시작했다. 용서를 구하며 화해가 일어났고 성령께서 이끄시는 사랑의 웃음소리가 터져 나왔다.

유난히 내 시선을 고정하게 한 가정이 있었다. 앞서 언급한 아프가니스탄에서 5년을 선교하고 온 형제자매였다. 나는 이들과 함께 서로 손을 꽉 부여잡고 울며 기도했다. 하나님께서 우리 모두를 선한 길로 인도해달라고 말이다. 강의 마지막 날 나는 실제로 관 속에 들어가는 죽음 체험을 했다. 내가 관에 들어가자 바깥에선 사람들이 못을 박는 시늉을 했다. 망치는 관의 외부를 탕탕 두드렸고 나는 뭐라 말하기 어려운 기분이 들어 대성통곡하게 되었다. 예수님께서 우리의 죄를 용서해 주시기 위해서 십자가에 못 박힌 심정을 잠시나마 느끼게 해주셨기 때문이다. 주의 종은 3가지를 준비하며 살아야 한다. 언제든지 설교할 준비, 언제든지 이사 갈 준비, 그리고 언제든지 죽을 각오로 사명감을 가지고 살아가야 한다.

터키에서 만난 중국인 부부

기적이 일어났다. 2015년에 태국에서 만난 이 중국인 가정을 3년 후 터키에서 다시 만나게 된 것이다. 사건의 발단은 이렇다. 2016년에 결혼을 한 우리 부부는 2017년에 1년 동안 영국 웨일스에 소재한, 우리나라 개신교 최초의 서양 선교사 순교자인 로버트 토마스 선교사의 어머니 댁에 머물게 되었다. 이때 또다시 태국에서 열렸던 중국 선교사 컨퍼런스에 참석하게 되었다. 하나님은 나에게 중국인들을 향한 특별한 열정과 사랑을 주신 것 같다. 이스라엘과 시리아라는 가명을 쓰는 한 젊은 부부를 만났고 이들을 향한 하나님 아버지의 마음이 내 가슴에 부어졌다. 나는 이 부부의 손을 붙잡고 울면서 이들을 인도해달라고 기도했다.

나는 태국에서 선교사 컨퍼런스를 마치고 영국으로 돌아왔다. 2017년 신혼의 첫해에 1904 영국 웨일스 대부흥이 일어났던 땅에서 1년을 머물고 2018년에 중앙아시아의 키르키스스탄 땅에 선교사로 나가게 되었다. 수도 비슈케크에 도착하자마자 1년 전 태국에서 만났던 이스라엘과 시리아 선교사 부부도 선교사로 나와서 같은 도시에 있다는 소식을 듣게 됐다. 하나님의 섭리는 참으로 깊고 오묘하며 놀랍기만 하다. 우리는 마침내 만나게 되었다. 이 부부와 함께 키르키스스탄에서 신학을 공부했던 한 신혼 부부와도 함께 영적 교제를 하며 하나님 나라를 꿈꾸며 기도했다.

나는 120일 동안 그 땅에 머물렀다. 이슬람권에 세워진 미션 스쿨에서 잠정적 교수이자 행정 요원으로 섬길 수 있는 큰 특권이 주어졌기 때문이다. 매주 화요일에서 목요일 밤에 금식기도를 하며 이스라엘과 이슬람, 그리고 실크로드 연구를 하였다. 한국에서 떠나오기 전에 하나님께서 한 사람을 통해 기도 여행의 경비를 공급하셨다. 120일의 시간이 지났을 때는 세계 기도 여행을 떠났다.

첫 행선지는 카자흐스탄의 알마티였다. 카자흐스탄과 키르기스스탄, 그리고 우즈베키스탄 등 끝에 스탄이 붙는 국가들은 구 소련 국가들이다. 1900년대 초반, 우리 민족은 일제 강점기에 일제의 탄압에 못 이겨 만주 땅과 소련으로 도망쳐야 했다. 이때 스탈린은 영토 확장을 위해 척박하고 살기 어려운 땅을 우리 동포인 고려인들이 가서 일궈내게 했다. 나라 잃은 설움과 조국과 고향, 부모와 가족을 떠나온 슬픔으로 눈물의 나날을 보내야만 했다. 하나님은 나에게 중앙아시아 땅을 보여주시며 고려인들을 가슴에 품게 하셨다. 카자흐스탄의 옛 수도 알마티는 마치 유럽과 아시아의 중간지대로 발전된 도시였다. 주님은 이 땅에서 만나게 하신 젊은 무슬림 형제에게 복음을 전하게 하셨다. 그 이후 나는 러시아의 모스크바로 떠나게 되었다.

장엄하게 펼쳐진 러시아의 수도 모스크바, 현재 우크라이나와 전쟁 때문에 굴지의 글로벌 기업들이 러시아에서 사업을 철수하고 있지만 당시만 해도 모스크바엔 해외 기업들이 즐비했다. 어느 날 뉴스에서 내가 갔던 모스크바의 크렘린 앞 맥도날드가 철수한다는 소식을 듣자 묘한 감정이 교차하였다. 내가 밟았던 땅인데 전쟁이 사람의 삶을 바꿔놓는다는 것을 느끼게 되었다. 이러한 경험이 또 있다. 2007년 여름, 중국의 신장 위구르 자치구의 우루무치에서 한국어 찬양과 함께 워십 댄스를 했었다. 이듬해 그 땅에는 종교 분쟁으로 인한 대규모 학살이 일어났다. 우리 팀이 하나님을 예배했던 바로 그 장소에서 말이다.

이 여행 기간에 아프가니스탄 접경 지역을 갔었다. 우리는 그 땅을 넘지 않았다. 일주일 뒤에 서울 샘물 교회의 선교단이 아프가니스탄에서 피랍되고 순교자가 발생한 가슴 아픈 일이 있었다. 한낱 피조물에 불과한 인간은 모든 만물의 창조자이신 하나님의 생각에 털끝만큼도 미치지 못한다는 것을 깨달았다. 그렇기에 주님을 알아갈수록 우리는 겸손히 엎드릴 수밖에 없는 것 같다. 순교자의 피가 헛되이 되지 않도록 각자에게 주어진 일분 일초의 시간과 달란트를 하나님 나라를 위해 사용해야 하겠다.

모스크바를 지나 상트페테르부르크에 도착했다. 주일이 되어 방문한 한인 교회에는 한국인과 고려인이 있었다. 현재 거주하는 전라도 광주 월곡동이라는 동네에는 수천 명의 고려인들이 있다. 남한과 북한의 그리스도인들, 그리고 전 세계 180여 개 국가 750만 명의 한민족 디아스포라가 마지막 때 감당할 사명이 참으로 크다.

러시아를 지나 드디어 터키 땅에 입성하게 되었다. 터키는 AD 4세기 무렵 로마 제국의 콘스탄티누스 대제가 콘스탄티노플의 국교를 기독교로 제정했던, 유럽과 아시아를 잇는 해협이 있는 역사적인 땅이다. 1세기에서 3세기 사이에 기독교를 향한 박해는 끊이지 않았다. 모든 참된 교회는 수면 아래 숨겨져 있었다. 하지만 콘스탄티누스 대제로 불리는 이 로마 황제로 인해 교회의 역사가 새롭게 쓰이기 시작했다. 당시 로마 제국은 군사적으로도 정치적으로도 통합된 시스템을 갖춰가면서 하나의 공통된 종교를 원했다. 이때의 초대교회는 매우 유대적이었다. 기독교가 유대인으로부터 시작된 사실을 우리는 너무 쉽게 간과한다. 오늘날에 이르러 기독교의 상당 부분에 있어 유대적인 뿌리가 배제되고 삭제되었다는 사실을 교회는 알아야만 한다.

　콘스탄티누스 황제가 로마 제국을 통치하면서 각 가정에서 모였던 초대 교회가 수면위로 올라오게 된 것이다. 이때부터 교회는 건물을 갖추게 되었고 설교자 강단이 세워졌으며 설교자와 청중 사이에 일정한 거리가 생겼고 세기를 거치면서 지금의 모습으로 변화되게 된다. 나는 이 역사적인 땅에 도착하자마자, 호텔에 짐을 풀고 하나님께 예배드리기 시작했다. 카자흐스탄과 러시아에서는 느낄 수 없었던 강력한 성령님의 임재가 있었다. 다음날이 되었다. 나는 배를 타고 바다를 건너 한국 선교사님께서 세우신 이스탄불 기도의 집에 도착하였다. 2018년 탐무즈 월이었다.

(에스겔 1:1/킹제임스 흠정역) 이제 제삼십년 사월 곧 그 달 오일 내가 그발 강가에서 포로들 가운데 있을 때에 하늘들이 열리며 하나님의 환상들이 내게 보이니라.

에스겔에게 환상이 열린 역사가 있었던 달이 바로 탐무즈 월이다. 하나님께서 나에게 본토인 한국을 떠나 중앙아시아와 중동의 터키 땅까지 보내신 이유가 초대 기독교 역사의 전환점이 된 터키의 이스탄불에서 열린 환상을 통해 깨달아졌다. 그리고 이 땅에서 2015년 태국에서 만난 중국인 부부를 만나게 된다. 하나님께서 마지막 때에 중국인들을 이슬람 지역으로 보내 강력하게 사용하실 것이라는 비전을 직접 보는, 한 예표적 사건이 된 것이다.

2018년 1월, 한국을 떠나올 때 성령께서 내게 '다윗의 열쇠'를 말씀하셨다. 이스라엘 관련 그림을 그리시는 화백님께 작품을 의뢰할 당시엔 그런 그림이 없다고 하셨다. 그로부터 1주일 뒤에 '성령님께서 그리게 하셨다'면서 다윗의 열쇠가 그려진 작품을 가장 먼저 내게 보여 주셨다.

(이사야 22:22/개역개정) 내가 또 다윗의 집의 열쇠를 그의 어깨에 두리니 그가 열면 닫을 자가 없겠고 닫으면 열 자가 없으리라

나는 먼저 이 그림 한 점을 손에 쥐고 전라도 광주의, 예루살렘이라고 불리는 곳에 위치한 한 기도의 집을 방문했다. 100년의 선교 역사를 자랑하는 양림동에 1980년 5월 18일의 아픔을 알렸던 마지막 미국 남 장로교 선교사인 찰스 베츠 헌틀리(Charles Betts Huntley, 허철선)선교사 사택에 위치한 곳이었다. 그곳에서 7년 동안 다윗의 장막 예배를 드린 팀에 그림을 선물했다. 그 이후 이곳의 도로명 주소가 놀랍게도 '제중로 47번길 22-22'로 바뀌었다. 이사야서 22장 22절 말씀과 딱 맞아떨어진다. 다른 한 점의 그림은 중앙아시아의 키르키즈스탄의 선교사 부부에게 갔다. 또 다른 한 점은 터키 기도의 집과 이스라엘 기도의 집에 기증했다.

터키 이스탄불 기도의 집에 갔을 때다. 주의 성령께서는 나에게 말할 수 없는 탄식으로 회개 기도를 하게 하셨다. 당시만 해도 터키의 젊은이들은 손에 총칼을 들고 쿠르드족을 말살하기 위해 전쟁터로 나섰다. 호텔에서 만난 청년이 나에게 인스타그램을 보여주며 자신이 쿠르드족 2명을 죽였다고 내게 미소를 띤 얼굴로 자랑해댔다. 나는 가슴이 미어지도록 아팠고 주님은 그의 죄를 대신해서 회개하기를 원하셨던 것 같다. 바닥에 눈물이 흥건해질 정도의 기도를 마치고 나자 주님은 내게 다음과 같이 말씀하셨다.

"이제 다윗의 열쇠로 마지막 관문인 중동과 이스라엘의 문을 다 열었다"

이 말씀을 주시고 나서 내 마음에 이제 실크로드를 실제로 밟을 다윗의 세대가 다 준비되었다는 것을 깨닫게 하셨다. 동시에 앞의 세대들이 해오신 일들이 예슈아 재림 이전 마지막 대추수가 있기 전에 왕의 대로를 구축하고 선포하고 문을 여는 귀중한 사명이라는 것도 알게 하셨다. 이들은 모세와 여호수아의 세대라는 것도 깨닫게 하셨다. 모세와 여호수아는 서로서로 잘 안다. 모세의 바통이 여호수아에게로 이어져서 유업을 잇게 하셨다. 이제 다윗의 세대가 일어나 이 실크로드를 달리는 때가 목전까지 왔다.

다윗의 열쇠에 대한 환상이 열린 것은 터키 방문 3일째였다. 이날 소름 돋도록 놀라운 일이 대한민국 부산에서 동시에 일어났다. 부산에서 국가와 민족을 위해 기도하는 한국의 리더십들과 중동과 이스라엘의 선교사님들이 성회로 모여 예배를 드리고 있었다. 이 집회에 참석했던 여러 예배자의 증언에 따르면, 이집트에서 오신 한 목사님이 다음과 같이 선포하셨다고 한다.

"이제 하나님께서 마침내 중동의 문을 열어 주셨습니다."

예배 성회는 총 4일간 이어졌는데 2일 저녁까지 성령의 흐름이 꽉 막힌 것을 느꼈다고들 한다. 하지만 한국에서 3일째 저녁이 되었을 때 비로소 모든 막힌 문들이 열렸다고 하셨다. 나는 한국의 여러 리더분께 터키에서 있었던 일을 나눴고, 훗날 하나님께서 중동의 터키와 아시아의 대한민국에서 하신 일에 대해 영광을 돌렸다. 터키는 실제로 중동의 중요한 영적 관문의 역할을 해왔다. 우리는 이슬람권의 영향 아래에 있는 무슬림 형제들의 눈이 열려서 십자가에 달리신 예수를 바라볼 때 구원이 있음을 깨닫도록 하나님께서 초자연적이고 강권적으로 역사해주시기를 더욱 기도해야 한다. 이미 중동 지역에서 아랍인과 유대인 형제들 사이에 용서와 연합이 이뤄져 마지막 때 예언이 성취되고 있다.

> (이사야서 19:23~25) 23 그 날이 오면, 이집트에서 앗시리아로 통하는 큰길이 생겨, 앗시리아 사람은 이집트로 가고 이집트 사람은 앗시리아로 갈 것이며, 이집트 사람이 앗시리아 사람과 함께 주님을 경배할 것이다. 24 그 날이 오면, 이스라엘과 이집트와 앗시리아, 이 세 나라가 이 세상 모든 나라에 복을 주게 될 것이다. 25 만군의 주님께서 이 세 나라에 복을 주며

이르시기를 "나의 백성 이집트야, 나의 손으로 지은 앗시리아야, 나의 소유 이스라엘아, 복을 받아라" 하실 것이다.

이 은혜의 시간을 보내고 다음 날에도 기도의 집을 찾았다. 또 다른 회개와 감사의 기도가 보좌 앞에 깊이 올려졌다. 내 마음은 형용할 수 없는 깊은 감사와 감격으로 가득 차올랐다. 한 시간쯤 지났을까?

내 눈앞에는 믿을 수 없는 광경이 펼쳐졌다. 2015년 태국에서 만났던 중국인 선교사 부부가 내 뒤에 앉아서 기도하고 있는 것이었다. 가장 가슴 깊이 새겨진 부부였기에 3년 만에 얼굴을 봤음에도 바로 알아볼 수 있었다. 우리는 얼굴을 바라보며 서로의 손을 꼭 부여잡은 채 30분 넘게 말없이 흐느껴 울기만 했다. 그것은 슬픔이 아닌 감사의 눈물이었다. 이후 자초지종을 들어보니 다음과 같다. 하나님께서 큰 은혜 가운데 부부가 중국 본토에서 회복의 시간을 갖고 다시 터키로 나와 중국계 미국인 선교사님들과 함께 협력하여 무슬림 사역을 한다는 것이었다. 너무나 멋지게 변해서 하나님의 사역을 감당하고 있는 선교사님들께 깊은 존경의 마음과 우리 놀라우신 주님을 찬양했다. 우리는 킹덤 안에서 각자에게 맡겨진 사명을 잘 감당하다가 천국에서 만나자는 축복을 마지막 인사로 각자의 길을 떠났다. 주님은 나에게 세계 선교 기도 여행을 통해 하나님의 놀라우신 섭리와 계획의 일부를 보여주셨다.

중국 선교를 넘어 선교 중국으로

중국 교회는 인적, 물적 자원이 넘쳐난다. 그럼에도 불구하고 중국 선교가 잘되지 않았던 주요한 원인은 중국 교회가 한국의 대형 교회를 본보기 삼아 건물 크기에 집착한 나머지 선교사 후원과 돌봄이 너무도 미약했던 것이다. 중국의 예루살렘이라고 불리는 도시 원저우의 많은 교회는 중국 선교를 넘어 선교 중국을 감당하고 있다. 많은 선교비가 해외의 선교사 센터를 짓는 데 사용되고 있고 많은 젊은 선교사들을 파송하여 후원하고 있다.

5~6년 전만 하더라도 중국 교회의 선교에 대한 주요 질문은 '왜 선교해야 하는가?'였다. 하지만 현재는 코로나바이러스로 인해 중국 내의 모든 도시가 봉쇄되고 중국 정부의 탄압과 교회를 향한 핍박이 더욱 증가했다. 해외 선교사들은 대부분이 추방되었다. 그럼에도 불구하고 하나님은 여전히 중국 교회를 사랑하시고 마지막 때에 놀라운 방법으로 그들을 사용하실 것이다. 한국 교회가 해외의 원조

를 받았던 가난한 나라에서 세계 선교를 감당할 정도로 부강한, 기도하는 민족이 된 것처럼 이제는 중국 교회가 나설 차례이다. 중국 교회를 위해서 기도하자. 중국 교회는 열방 선교를 넘어 이스라엘이라는 원대한 그림을 갖고 있다. 1만명 선교사 파송을 놓고 기도하는 중국 교회를 통해서 이슬람과 힌두교, 불교, 그리고 신토를 넘는 것은 시간문제일 것이다.

중국 지하교회로의 부르심과 예슈아의 나타나심

예수님 믿고 2년째 되던 해였다. 호주에서 주님을 만나고 미국에서 세계 일주 학교를 마친 나는 한국에 돌아와서 회사에 8개월을 다녔다. 그 이후 신학교에 입학하기 전에 8개월이란 시간 동안 하루에 8~10시간씩 기도하는 기간이 있었다. 8개월 초반에는 앞길을 알지 못해 주님께 여쭙는 기도만 했었다. 기도 응답이 오지 않자 나는 불평 불만하며 주님을 원망했다. 기도에 감사와 감격이 사라져 갔다. 그러던 어느 날 미국 YWAM에서 어느 목사님께서 오셨고 감사에 대한 주제로 설교하셨다. 나는 수년이 지나고 나서 한 탈북민 교회에 가서 이 미국 목사님의 똑같은 영어 설교를 통역 하게 되었다.

주님은 왜 나에게 같은 분을 통해 감사하라고 말씀하시길 원하셨을까? 지금 생각해보면 우리 그리스도인들의 삶에는 불평할 것보다 감사할 제목이 더 많은 것 같다. 지금도 우리는 너무 쉽게 은혜를 잊어버린다. 또한 한 입으로 하나님을 찬양함과 동시에 형제를 참소하는 두 마음을 품는다. 이 마지막 때는 한 마음을 갖는 것이 매우 중요하다. 주님의 성산에 오를 자는 마음에 불평하지 않고 감사해야 하기 때문이다.

나는 기도의 골방 안에서 깊게 주님과 교제를 나누고 있었다. 하늘을 향해 두 팔을 벌려 기도할 때 주님은 나에게 매우 친밀하게 속삭여 주셨고 우리는 깊은 대화를 나누었다. 군대 시절 왼쪽 무릎에 십자인대가 파열되어 큰 수술을 했음에도 불구하고 기도하기 위해 꿇은 무릎은 아픈 적이 없었던 것 같다. 무릎을 꿇고 하나님을 경배할 때 흘렸던 눈물이 한 방울 두 방울 모여 바닥 전체를 흥건하게 적신 것도 여러 차례였다. 주님은 불쌍하고 가엾은 나라는 비천한 존재에게 항상 아버지가 되어 주셨다. 깊은 기도 가운데 주의 성령께서는 나를 여러 나라로 보내사 선포하게 하셨다. 하루는 주님께서 나에게 뜬금없는 말씀을 하셨다.

"워렌에게 가서 전화를 걸어라. 네가 듣고 싶어하는 말을 그가 할 것이다."

당시 워렌 목사님은 아들을 방문하기 위해 영국 런던에 계셨다. 영국은 토요일 아침이었다. 전화를 걸어보니 마침 목사님께서 전화를 받으셨다. "워렌 할아버지, 어떻게 이 시간에 전화를 받으세요?" 할아버지께서 말씀하셨다. "응, 마침 손주들을 데리고 밖으로 나가려던 참에 갑자기 손녀딸이 집으로 들어가자고 해서 집에 들어오게 되었단다." "할아버지, 기도하는데 주님께서 할아버지를 통해 제가 들어야 할 말을 해주신다고 하셨어요." "워릭아, 나와 젠은 늘 너를 위해 기도하고 있단다. 네가 중국에 가서 지하 교회를 섬기면 좋겠다고 생각해 왔단다."

그 날밤 잠을 청하는데 하나님의 임재가 방안 전체를 강력하게 휘감았다. 그리고 꿈에 예슈아께서 나타나셔서 말씀하셨다.

"Warrick, Follow me"(석일아, 나를 따르라!)" 예수님의 콜링을 받고 만약 주님께서 나를 중국 지하 교회로 불러 주신다면 많은 이들에게 세례를 주기 위해 목사가 되어야겠다고 다짐했다. 하지만 주님은 성경을 통해 다음과 같이 말씀하셨다.

(고린도전서 1:17) 그리스도께서는 세례를 주라고 나를 보내신 것이 아니라, 복음을 전하라고 보내셨습니다. 복음을 전하되, 말의 지혜로 하지 않게 하셨습니다. 그것은 그리스도의 십자가가 헛되이 되지 않게 하시려는 것입니다.

시간이 지나고나서 중국 교회를 섬기는 사명을 주신 이유가 단순히 세례를 주기 위함이 아닌 마지막 때 대 추수와 관련된 부르심 때문에 나를 부르셨다는 것을 깨닫게 되었다.

이스라엘을 위해 기도하고 이스라엘을 향해 축복하라

왜 이스라엘을 주목해야 할까? 성경의 역사는 예수님과 이스라엘로 구성되어 있다. 이미 성경의 많은 구절에서 이스라엘과 유대인을 중심으로 하나님의 역사가 전개되어 온 것을 알 수 있다. 예수님도 유대인으로 오셨다. 열두제자들도 유대인이었다. 그들이 한 알의 밀알이 되어 땅에 심겼기 때문에 오늘날 우리가 복음을 받아들이게 되었다.

한 알의 밀알이 썩어서 심겼고 열매가 맺힌 것이다. 하나님은 유대인을 축복의 통로로 선택하셨고 이스라엘을 통해 인류 역사를 주관하고 다스리고 계신다. 흩어진 유대인을 디아스포라 유대인이라고 한다. 축복의 통로가 된 유대인들을 다시 본토로 모으시겠다는 예언의 말씀이 이미 성취되고 있다. 이를 알리야라고 한다. 성경에는 700구절 이상의 알리야에 대한 말씀이 있다. 대표적인 말씀으로 시편과 예레미야 그리고 에스겔서에서 몇 구절만 살펴보도록 하겠다.

> (시편 107:1~3) 1 "주님께 감사드려라. 그는 선하시며, 그의 인자하심이 영원하다. 2 주님께 구원받은 사람들아, 대적의 손에서 구원받은 사람들아, 모두 주님께 감사드려라. 3 동서 남북 사방에서, 주님께서 모아들이신 사람들아, 모두 주님께 감사드려라."

> (예레미야서 16:14~15) 14 "그러므로 보아라, 나 주의 말이다. 그 날이 지금 오고 있다. 그 때에는 사람들이 더 이상 '이스라엘 백성을 이집트 땅에서 이끌어 내신 주'의 살아 계심을 두고 맹세하지 않고, 15 '이스라엘 백성이 쫓겨가서 살던 북녘 땅과 그 밖의 모든 나라에서 그들을 이끌어 내신 주'의 살아 계심을 두고 맹세할 것이다. 나는 그들의 조상에게 주었던 고향 땅에 그들을 다시 데려다 놓을 것이다."

(에스겔 37:21) "그들에게 말해 주어라. '나 주 하나님이 말한다. 이스라엘 백성이 들어가 살고 있는 그 여러 민족 속에서 내가 그들을 데리고 나오며, 사방에서 그들을 모아다가, 그들의 땅으로 데리고 들어가겠다.'"

(에스겔 39:28) "그 때에야 비로소 뭇 민족이 나 주 이스라엘 하나님이 이스라엘을 여러 민족에게 포로가 되어 잡혀 가게 하였으나, 그들을 고국 땅으로 다시 모으고, 그들 가운데서 한 사람도 다른 나라에 남아 있지 않게 한 줄을 알 것이다."

구약 성경에 예언된 말씀을 보면 흩으신 백성을 모두 모으겠다고 약속하셨다. 위 말씀들을 보며 사도 바울은 로마서에 다음과 같은 말씀을 기록한다.

(로마서 11:25~26) 25 "형제자매 여러분, 나는 여러분이 이 신비한 비밀을 알기를 바랍니다. 그것은 여러분이 스스로 현명하다고 생각하는 일이 없게 하려는 것입니다. 그 비밀은 이러합니다. 이방 사람의 수가 다 찰 때까지 이스라엘 사람들 가운데서 일부가 완고해진 대로 있으리라는 것과, 26 온 이스라엘이 구원을 받게 되리라는 것입니다. 그것은 성경에 이렇게 기록되어 있는 바와 같습니다. "구원하시는 분이 시온에서 오실 것이니, 야곱에게서 경건하지 못함을 제거하실 것이다.""

선교학적으로 보아도 유대인은 여전히 미전도 종족에 속한다. 그만큼 유대인 전도가 어렵다는 뜻이기도 하다. 하지만 하나님은 분명히 기록된 말씀을 통해서 '온 이스라엘이 구원' 받을 것을 약속하셨다. 하나님의 언약은 파기 불가하기 때문에 반드시 이뤄질 것을 믿어 의심치 말아야 한다. 하지만 안타깝게도 성경의 왜곡된 해석으로 인해 이스라엘의 구원이 교회로 대체되었다는 대체 신학, 이스라엘을 언급하면 세대주의자로 보는 견해, 반유대주의와 같은 삐뚤어진 관점 때문에 주님의 다시 오심의 시간이 더뎌지는 것은 아닐까 싶다.

하나님께서 준비시키고 계신 대추수의 마지막 부흥의 세대의 가슴 속엔 이미 이스라엘이 깊게 자리 잡고 있다. 이들은 성령님의 도우심으로 이스라엘을 위해 기도하고 이스라엘을 향해 축복하는 세대이다.

사탄은 필사적으로 복음의 통로이자 복음의 시작이 되었던 이스라엘 땅을 가만두지 않을 것이다. 에스겔서 37~38장에 언급된 곡과 마곡의 전쟁에 등장하는 이스라엘을 보면 종말의 날에 여러 강대국이 이스라엘을 합심하여 치러 온다고 기록되어 있다. 사탄은 예슈아의 입김만으로 자신의 시간이 끝난다는 것을 누구보다도 더 잘 알기 때문이다. 또한 악한 사탄 마귀는 복음이 다시 원 감람나무인 유대인에게 전파되는 모든 루트를 차단하며 주님께서 다시 오신다고 약속하신 예루살렘을 어떻게든 공격하여 막아내야 하기 때문이다.

> (스가랴 14:4) 그 날이 오면, 주님께서 예루살렘 맞은편 동쪽, 올리브 산 위에 발을 디디고 서실 것이다. 그러면 올리브 산은 한가운데가 갈라져서 동서로 뻗은 깊고 넓은 골짜기가 생길 것이다. 산의 반쪽은 북쪽으로 다른 북쪽은 남쪽으로 옮겨질 것이다.

사탄은 여전히 교회가 이스라엘을 축복하지 못하도록 막아서고 있다. 사탄은 '대체 신학'으로 교회가 이스라엘을 대체했다고 지난 2000년 동안 교회를 속여 왔다. 그 시작은 초대 교부들의 이스라엘에 대한 잘못된 접근이었다. 교회는 지난 역사 가운데 십자군 원정, 기독교와 이슬람의 격돌, 600만 명 이상의 유대인 학살이라는 참혹한 실수를 저질렀다. 기독교인들은 십자가를 새겨 놓은 옷과 방패로 무장하고 유대인을 학살했다. 한때는 복음의 통로가 되었던 유대인들에게 있어 예수를 믿는 기독교인들은 증오의 대상이 되어 버리고 말았다.

500년 전, 종교 개혁을 단행했던 마틴 루터는 극렬한 반유대주의자였다. 유대인을 향한 루터의 공격성 발언은 천박하기 그지없었다. 그나마 루터의 발언 중에서 비교적 절제된 발언 하나를 소개한다. 영국의 저명한 성경 교사이자 세계적인 학자인 데릭 프린스는 저서 〈하나님께서 이스라엘에게 약속하신 땅〉에서 이처럼 설명한다.

"유대인들은 가장 가혹한 벌을 받아야 한다. 그들의 회당은 무너뜨려야 하고, 집은 파괴해야 하고, 집시처럼 떠돌아다니며 천막에 살게 해야 한다. 그들의 종교 서적은 압수해야 하고, 랍비들은 율법을 가르치지 못하도록 금해야 한다. 유대인들은 전문직에 종사하지 못하게 해야 하고, 가장 힘들고 거친 노동만 허용해야 한다. 부유한 유대인들의 재산은 몰수해서 개종하려는 유대인들을 돕는 데 사용해야 한다. 만약 이런 조치가 성공하지 못한다면, 크리스천 군주들은 유대인들을 미친개를 내쫓듯이 그들의 땅에서 몰아내야 한다."

그로부터 수세기가 흐른 후, 나치가 독일에서 권력을 잡았을 때 히틀러는 반유대주의적 정책을 선전하기 위해 마틴 루터가 남긴 글을 악용했다. 나치가 독일과 폴란드에서 시행한 반유대주의 정책은 전혀 새로운 것이 아니고, 역사적 뿌리가 깊은 것이다. 이러한 역사에 대한 책임은 기독 교회가 져야 한다. 교회가 씨를 뿌렸고 나치가 수확하였다고 할 수 있기 때문이다. 이어서 데릭 프린스 목사는 이스라엘과 유대인들을 위해 기도해야 하는 이유를 다음과 같이 밝히고 있다.

1) 구약 39권 모두 유대인이 기록했다.
2) 예수님은 유대인으로 태어나셨고, 유대인으로 죽으셨고, 유대인으로 다시 오실 것이다.
3) 복음서에 기록된 모든 사건(요셉과 마리아가 아기 예수를 데리고 애굽으로 피신한 사건만 제외하고)은 이스라엘에서 일어났다.
4) 복음서에 등장하는 사람의 90퍼센트 이상이 유대인이다.
5) 신약 27권도 모두 유대인이 기록했다. (누가는 예외로 간주할 수 있으나, 그도 유대교로 개종한 사람이었다.)
6) 교회를 세우고 복음을 전파하는 일에 중심이 되었던 사람은 유대인이었다.
7) 열두 사도 모두 유대인이었다.

8) 요한계시록에 나오는 새 예루살렘 성의 열두 문에는 이스라엘 열두 지파의 이름이 새겨져 있다.
9) 새 예루살렘 성의 열두 기초석에는 예수님의 열두 사도 이름이 새겨져 있다.

하나님께서는 이스라엘을 품은 자들을 통해 유대인과 이방인이 예수 그리스도의 십자가로 연합되는 한 새 사람을 이루실 것이다. 그렇기에 우리는 이스라엘을 향해 축복하고 이스라엘을 위해 기도해야 한다. 마지막 때 하나님께서 새로운 기름을 부으시는 교회는 이스라엘과 정렬되어 나아가는 교회다.

> (에베소서 2:15~18/개역개정) 15 법조문으로 된 계명의 율법을 폐하셨으니 이는 이 둘로 자기 안에서 한 새 사람을 지어 화평하게 하시고 16 또 십자가로 이 둘을 한 몸으로 하나님과 화목하게 하려 하심이라 원 수 된 것을 십자가로 소멸하시고 17 또 오셔서 먼 데 있는 너희에게 평안을 전하시고 가까운데 있는 자들에게 평안을 전하셨으니 18 이는 그로 말미암아 우리 둘이 한 성령 안에서 아버지께 나아감을 얻 게 하려 하심이요

(예레미야 31:10/개역개정) 이방들이여 너희는 여호와의 말씀을 듣고 먼 섬에 전파하여 이르기를 이스라엘을 흩으신 자가 그를 모으시고 목자가 그 양 떼에게 행함같이 그를 지키시리로다

하나님께서 흩어진 이스라엘 민족을 다시 모으고 계신다. 그것은 성경에 기록된 예언의 말씀이 마지막에 다다르고 있다는 의미다. 구원의 역사를 이루시는 하나님께 집중하자. 우리의 소망은 사람과 사역이 아니다. 기도의 방향을 이스라엘의 하나님이요 열방의 구원자이신 예수 그리스도께 맞추어야 한다. 하나님께서 이 마지막 시대에 이스라엘을 품은 자들을 일으키고 계신다. 예수님의 신부인 교회가 이스라엘을 위해 기도하고 이스라엘을 향해 축복하며 나아가야 한다.

CHAPTER 2

하나님 나라의 히든카드 다윗의 세대

1. 다윗의 등장

　MZ세대는 80~90년대에 태어난 사람들을 일컫는다. 현재 20대에서 30대 후반까지의 나이에 해당한다. 이 세대는 해외 연수, 워킹 홀리데이, 교환 학생의 명목으로 해외에 적어도 한번 정도는 다녀왔을 것이다. 자신이 원하는 기업에 입사하고자 스펙을 쌓으려 토익, 영어 말하기, 인턴, 봉사활동 등을 통한 사회 경험을 한 세대다. 영어는 기본이고 중국어, 혹은 러시아어와 스페인어를 구사할 수 있다. 해외에서 직접 살면서 경험한 노하우로 타 문화권에 나가서 사는 것이 두렵지 않다. 세계를 무대 삼아 인종과 문화가 다른 사람들과 소통하는 법을 배웠고 낯선 땅에서 살아 남는 방법도 나름 체득

했다. 이 세대는 자신이 가진 재능과 은사를 십분 발휘하기 위해 노력한다. MBTI와 같은 상담 프로그램을 통해 '나는 누구인가'에 대한 고민을 진지하게 하기 시작한 세대이다. 자신의 정체성을 하나님 안에서 발견한 세대, 이들에게 부어주시는 하나님의 사명과 부르심은 무엇일까?

사울의 진에 나타난 다윗

하나님께서 만나 주신 방식이 독특한 이들을 '하나님 나라의 히든카드 다윗의 세대'라고 부를 것을 선언한다. 히든카드는 굳이 우리말로 의역하면 '숨겨진 패' 정도라고 표현할 수 있겠다. 게임에서 승패를 뒤엎을 수 있는 마지막 한 수가 바로 '히든카드'이다. 고수들은 중요한 마지막 카드를 쉽게 보여주지 않는다. 이 마지막 때 주님께서 다시 오시기 전에 있을 영혼 추수를 위해 숨겨두신 그분의 특수 정예 부대가 있지 않을까?

> (사무엘상 17:28~32) 28 "다윗이 군인들과 이렇게 이야기하는 것을 맏형 엘리압이 듣고, 다윗에게 화를 내며 꾸짖었다. "너는 어쩌자고 여기까지 내려왔느냐? 들판에 있는, 몇 마리도 안 되는 양은 누구에게 떠맡겨 놓았느냐? 이 건방지고 고집 센

녀석아, 네가 전쟁 구경을 하려고 내려온 것을, 누가 모를 줄 아느냐?" 29 다윗이 대들었다. "내가 무엇을 잘못하였다는 겁니까? 물어 보지도 못합니까?" 30 그런 다음에 다윗은, 몸을 돌려 형 옆에서 떠나 다른 사람 앞으로 가서, 똑같은 말로 또 물어 보았다. 거기에서도 사람들이 똑같은 말을 하였다. 31 다윗이 한 말이 사람들에게 알려지고, 누군가가 그것을 사울에게 알렸다. 그러자 사울이 그를 데려오게 하였다. 32 다윗이 사울에게 말하였다. "누구든지 저 자 때문에 사기를 잃어서는 안 됩니다. 임금님의 종인 제가 나가서, 저 블레셋 사람과 싸우겠습니다."

키가 6규빗 한 뼘, 3미터에 육박하는 거대한 근육질의 우락부락한 골리앗이 나타났다. 이스라엘 백성들은 골리앗을 보며 벌벌 떨기 시작했다. 난생처음 보는 거인 앞에 속수무책으로 이제 죽었구나 생각한 것이다. 이때 갑자기 한 소년이 나타났다. 대충 보기에도 얼굴이 불그스름한 앳된 소년이었다. 소년 다윗은 겁이 없었다. 이미 그는 아무도 없는 광야에서 어둠이 밀려드는 고요한 밤에 자기 양과 가축을 잡아가려는 사자와 곰과 싸워서 이기는 법을 배운 용사였기 때문이다. 다윗은 저 할례 받지 못한 블레셋 사람들 앞에 나서는 것에 두려움이 없었다. 싸움터에 등장한 다윗의 머리끝부터 발끝까지 이미 하나님의 임재가 그를 휘감았기 때문이다.

"저 블레셋 사람을 죽이고 이스라엘이 받는 치욕을 씻어내는 사람에게는, 어떻게 해준다고요?" 이 말을 들은 맏형 엘리압은 다윗에게 노발대발 화를 내기 시작했다. "이 녀석아, 너는 어쩌자고 전쟁 구경이나 하자고 여기까지 왔느냐? 네가 여기 있으면 네게 맡긴 양은 어쩌자는 말이냐?" 다윗의 말이 사람들의 입을 타고 사울 왕의 귀에까지 도달했다. "왕이시여, 저 골리앗 때문에 우리 이스라엘 백성들이 사기를 잃어서는 안 됩니다."

사울 왕은 다윗을 뜯어말렸다. "그만두어라. 네가 어떻게 저자와 싸우겠다는 것이냐? 저자는 평생 군대 밥을 먹고 살아왔지만 너는 아직 어린 소년이 아니냐?" 다윗은 굽히지 않고 임금님께 간청했다. "저는 아버지 이새의 양 떼를 지켜왔습니다. 사자나 곰이 양 떼에 달려들어도 저는 겁내지 않았습니다. 오히려 저는 그 짐승들의 입을 찢어 벌려서 양을 구해냈습니다. 저는 저 골리앗이 두렵지 않습니다. 살아계시는 하나님을 모욕한 자를 어찌 그대로 두겠습니까?"

다윗은 뜻을 굽히지 않고 말을 이어 나갔다. "저를 사자와 곰의 발톱과 날카로운 이빨에서 구원해 오신 살아계신 하나님께서 오늘도 저 블레셋 사람의 손아귀에서 벗어나게 하사 살려 주실 것을 믿습니다." 다윗의 흔들리지 않는 눈빛을 보게 된 사울 왕은 말했다. "그렇다면 좋다, 내가 나의 투구와 갑옷 그리고 나의 전쟁 칼을 줄 터이니 너는 무장하고 나가거라" 다윗은 왕께서 말씀하셨기에 순종하며 시도해보았지만, 자신에게 입혀진 옷이 맞는 옷이 아니라는 것을 대번에 알아차렸다. 그리고 그는 정중히 왕의 제안을 거절하며 말했다. "이런 무장에는 제가 익숙하지 않으니 저를 믿어 주십시오."

다윗의 모습을 본 블레셋 사람들은 깔깔 웃었다. "네가 겁대가리를 상실했구나? 감히 어느 앞이라고 땅꼬마 녀석이 덤빈다는 말이냐? 네가 정녕 나를 개로 여긴다는 말이냐?" 다윗은 아랑곳하지 않고 블레셋 군대를 향해 외쳤다.

> (사무엘기상 17:45) 그러자 다윗이 그 블레셋 사람에게 말하였다. "너는 칼을 차고 창을 메고 투창을 들고 나에게로 나왔으나, 나는 네가 모욕하는 이스라엘 군대의 하나님 곧 만군의 주님의 이름을 의지하고 너에게로 나왔다.

다윗은 주머니에 손을 넣어 돌을 하나 꺼낸 다음 그 돌을 무릿매로 던져서 거대한 골리앗의 이마에 적중시켰다. 저 멀리서 우당탕 큰 소리와 함께 거구가 한 방에 쓰러진 것이다. 평소에도 재빠르게 달리기 훈련이 되어 있던 다윗은 골리앗 앞까지 순식간에 뛰어가서 그의 허리춤에 있던 칼을 뽑아 골리앗의 머리를 잘랐다. 그러자 블레셋 사람들은 벌벌 떨며 창과 방패를 내팽개치고 후다닥 달아나기 시작했다.

다윗의 등장으로 전세는 단번에 역전되었다고 이스라엘은 블레셋과의 전쟁에서 큰 승리를 거두었다. 전쟁은 하나님께 속해있다. 마지막 때를 살아가는 성도일수록 두려움을 떨쳐내야 한다. 사탄은 계속해서 속이고 뒤틀고 미혹하는 방법으로 믿는 자들을 실족하게 할 것이기 때문이다. 지난 2000년의 교회의 역사를 살펴볼 때 지금 우리가 살아가는 시대는 이전과는 차원이 다르다. 성경의 비밀과 계시가 열리는 속도가 빨라졌고 받아들이는 우리의 이해의 폭도 넓어졌다. 지금이 마지막 때이기 때문이다.

교회 안에 자리 잡은 종교라는 거대한 골리앗 앞에 다윗의 세대가 물 맷돌을 들고 등장할 때가 다가왔다. 외부의 적보다 내부에서 반란을 일으키는 세력이 더 무서운 법이다. 교회 밖의 세상 보다 교회 안에 바리새인과 서기관 같은 자들을 경계해야 한다. 수천 년의 역사가 흘러오는 과정 가운데 소수의 무리가 다수를 이끌어 왔다.

이제는 이 소수의 다윗 세대가 사울의 진영 앞에 나타나야 할 때다.

다윗 세대의 등장은 그 결정권이 사울에게 있지 않다. 다시 말해서 유명하고 영향력 있는 사역자가 다윗을 알아보고 세우는 것이 아니라 하나님께서 친히 다윗과 같은 자들을 그라운드에 등판시키시는 것이다. 선수로 입장한 다윗의 세대에게 필요한 것은 재정과 전략이 아니다. 다윗의 세대가 의지하는 그 한 가지, 즉 여호와의 얼굴을 바라며 용감하게 설 때 하나님의 강력한 임재가 용사를 용사답게 만들어 준다. 그러면 하나님께서 준비하신 한 사람은 누구인가? 하나님의 마음에 합한 다윗과 같은 자들은 광야에서 하나님과의 친밀함으로 무장된 예배자들이다.

> (시편 27:4) "주님, 나에게 단 하나의 소원이 있습니다. 나는 오직 그 하나만 구하겠습니다. 그것은 한평생 주님의 집에 살면서 주님의 자비로우신 모습을 보는 것과, 성전에서 주님과 의논하면서 살아가는 것입니다."

사도적 기름 부으심

다윗의 세대로 부르심을 받은 자들은 사도와 같은 자들이다. 앞서는 자로서 선두 주자의 기름 부으심이 있다. 이들은 스스로 사도라고 하지 않는다. 성경적인 사도의 역할만 존재할 뿐이다. 이 역할은 무엇인가? 예수님의 증인 된 삶을 살아가는 데 있어 '순종과 믿음'을 통해 새로운 문들을 개척하는 것이다. 이들이 앞서 나가는 길이 다른 누군가에게 따라갈 방향이 된다. 사도적인 기름 부으심이 있는 세대는 다윗의 세대에만 해당하는 것이 아니다. 하나님의 킹덤 안에서 모든 이의 역할과 책임이 다르다. 마지막 대추수를 위한 주의 종을 세우심에 있어서 오중 직임의 역할은 더욱 회복될 것이다.

> (에베소서 4:11~12) 11 그분이 어떤 사람은 사도로, 어떤 사람은 예언자로, 어떤 사람은 복음 전도자로, 또 어떤 사람은 목사와 교사로 삼으셨습니다. 12 그것은 성도들을 준비시켜서, 봉사의 일을 하게 하고, 그리스도의 몸을 세우게 하려고 하는 것입니다.

본인 안에 사도적인 기름 부으심이 있다고 해서 절대 교만해선 안 된다. 찾으시고 부르신 이의 목적은 그리스도의 몸을 세워서 하나님 나라를 이 땅 가운데 세워나가려는 것이다. 건강한 수행은 비슷한 사람들끼리 서로 사도라고 칭하는 것이 아니다. 각자의 자리에서 묵묵히 맡기신 일을 최선으로 해내는 것이다. 이 과정에 사역을 위해서 사람에게 상처를 주는 것보다 사람을 사랑하며 세우는 것이 중요하다. 하나님과 깊은 친밀함 가운데 사역을 하다 보면 결국 알게 되는 것이 있다. '사역은 내가 하는 것이 아니라 주님께서 나를 통해서 하시는 것'이다. 이 모든 과정을 통해 우리는 예수님을 믿고 아는 일에 일치된 연합을 통해 온전함과 충만함의 경지에 이르게 된다.

> (에베소서 4:13) 그리하여 우리 모두가 하나님의 아들을 믿는 일과 아는 일에 하나가 되고, 온전한 사람이 되어서, 그리스도의 충만하심의 경지에까지 다다르게 됩니다.

하나님께서는 먼저 사도와 같은 자들을 세우시고 영적 선두 주자의 기름을 부으신다. 이들에겐 예언자 및 선지자적 기름 부으심도 흐른다. 하나님은 먼저 주의 종들에게 말씀하지 않고서는 일하는 분이 아니시기 때문이다. 동시에 하늘의 영적 권세를 입술에 허락하사 선포와 선언의 능력을 부여하신다. 하나님의 사람이 의심 없이 믿을 때 하나님의 살아계신 말씀의 능력이 땅에 심기는 것이기 때문이다.

말씀 선포의 권위는 사람이 많고 적음에 달리지 않았다. 말씀이 하나님께로 왔는가? 그것이 중요한 것이다. 하나님께로 임한 말씀을 대언하는 선지자적 기름 부으심의 사도와 선지자들의 역할을 통해 그리스도의 몸 된 지체들은 그 말씀을 듣고 수행한다. 여기에 복음 전도자와 목사, 교사의 역할이 필요한 것이다. 선포하는 자의 입술만 필요한 것도 아니고 선포된 말씀을 지키는 자들만 필요한 것은 결코 아니다. 형제 안에 있는 기름 부으심의 은사가 발휘될 때 겸손과 존중의 마음으로 바라봐주어야 한다. 그것이 성숙한 그리스도인들의 자세다.

> (시편 89:19~21) 19 "오래 전에 주님께서는 환상 가운데 나타나시어, 주님의 성도에게 말씀하셨습니다. "내가 용사들 위에 한 젊은 용사를 세우고 백성들 위에 내가 선택한 용사를 높이 세웠다. 20 나는 내 종 다윗을 찾아서, 내 거룩한 기름을 부어 주었다. 21 내 손이 그를 붙들어 주고, 내 팔이 그를 강하게 할 것이다."

하나님은 이런 사도와 선지자적 기름 부으심을 다윗의 세대에 허락하셨다. 하나님께서 친히 이들을 찾아내사 다윗을 준비시키셨다. 하나님 아버지께서 다윗의 세대 각자의 아버지가 되어 주신 것이다.

주님께서 부으신 거룩한 기름 안에는 하늘의 권능과 능력이 내재하고 있다. 이 기름이 사람 안에 흐를 때 하나님께서만 하실 수 있는 방법으로 사람을 다듬어 가시는 것이다. 이 기름 부으심 하나만으로도 하나님의 사람을 준비시키기에 전혀 부족함이 없다.

> (요한1서 2:27) 여러분으로 말하자면, 그가 기름 부어 주신 것이 여러분 속에 머물러 있으니, 여러분은 아무에게서도 가르침을 받을 필요가 없습니다. 그가 기름 부어 주신 것이 여러분에게 모든 것을 가르쳐 줍니다. 그리고 그 가르침은 참이요, 거짓이 아닙니다. 여러분은 그 가르침대로 언제나 그리스도 안에 머물러 있으십시오.

위의 말씀은 실제이고 거짓이 없는 사실이다. 시즌마다 선포되는 말씀과 드러나는 성령님의 흐름이 있다. 주님의 이 기름 부으심을 통해 영 분별이 가능하다. 심지어 이 기름 부으심을 통해 앞으로 일어날 일을 예측하고 예언할 수도 있다. 이것은 사람이 하는 일이 아니라 하나님께서 사람을 통해 친히 하시는 일이기 때문이다. 하나님의 사람이 하나님만 바라보며 의지할 때 기름 부으심의 빛이 강하게 비추게 된다. 그 한 사람, 성령 충만함으로 무장된 한 사람이 어둠의 땅에 섰을 때 빛을 인해 어둠은 사라진다.

이 기름 부으심의 도움으로 영적 세계 안에서 일어나는 일들을 감지하여 알 수 있고, 무엇이 참인지 거짓인지, 사람으로부터 온 것인지 하나님께 속한 것인지를 분별할 수 있는 능력이 생긴다. 이 능력을 통해 하나님의 사람은 기름 부으심의 권위를 입게 된다. 그리스도의 몸을 세우라고 하나님은 권위마저 허락하셨다. 권위를 다른 형제와의 높고 낮음으로 잘못 사용할 때 기름 부으심의 활성화는 멈춰지게 된다. 그러므로 주의 종은 항상 겸손함을 유지해야 하는 것이다.

교회사와 마지막 때의 대 부흥

2000년의 교회 역사를 크게 네 등분한다면 다음과 같다. 첫 번째는 예수님의 공생애와 초대 교회의 탄생, 두 번는 교회의 암흑기, 세 번째는 종교개혁, 네 번째는 선교의 시대다. 예수님께서 베드로에게 말씀하셨다.

> (마태복음서 16:18~19) 18 "나도 너에게 말한다. 너는 베드로다. 나는 이 반석 위에다가 내 교회를 세우겠다. 죽음의 문들이 그것을 이기지 못할 것이다. 19 내가 너에게 하늘 나라의 열쇠를 주겠다. 네가 무엇이든지 땅에서 매면 하늘에서도 매일 것

이요, 땅에서 풀면 하늘에서도 풀릴 것이다."

예수님께서는 반석이라는 뜻의 베드로에게 교회를 세우시겠다고 말씀하셨다. 교회는 우리 자신이다. 우리에게 땅에서 풀면 하늘에서도 풀리는 열쇠를 주셨다. 이것은 하늘의 권세를 하나님의 자녀들에게 주셨다는 것을 의미한다. 하나님 나라의 킹덤에서 흘러오는 영적인 문들을 열 수 있는 열쇠를 허락하신 것이다. 교회는 이 열쇠가 AD 400년부터 1500년대까지 1000년 이상 사용되지 않은 것 같은 암흑기를 지나왔다. 그 사이에 십자가를 수놓은 옷을 입은 기독교인들이 교회의 이름으로 수많은 유대인을 학살했다. 이를 십자군 원정이라고 한다. 십자군 원정은 1095년부터 1291년까지 무려 200년 동안 일어났다. 교회가 사탄의 종이 되어 예수님의 이름으로 복음의 전달자가 되어준 유대인들을 무참히 죽인 것이다. 크나큰 실수였다. 라틴 교회의 승인을 받은 원정대와 이슬람권의 세력 다툼이 거세지는 가운데 교황권의 파워는 점점 막강해져 갔다. 그 사이에 흑사병, 전쟁으로 많은 사람이 죽어 나갔다. 이러한 암울한 시기 가운데 가톨릭 교회는 하나님의 자리에 사람을 세웠다. 교황의 말은 곧 국가의 법이 될 정도였다.

중세 시대 일반 백성 중에는 글자를 읽을 수 있는 사람이 적었다. 문맹률을 유지하는 것이 권력 집단의 힘을 유지하기에 좋았기 때문이다. 암울했던 역사 가운데에서도 하나님의 살아있는 말씀을 전파하는 설교자들이 존재해 왔다. 성경을 직접 읽음으로 하나님을 만나기보다 설교자의 설교를 통해 말씀을 들어야만 했다. 글을 읽을 줄 몰랐기 때문이다. 이들 중 어떤 이는 사막으로 숨어 들어가 수도원 생활을 했고, 밖에서 목숨 걸고 외쳤던 사람도 있었다.

교회 역사는 어둠의 터널을 지나왔고, 마침내 한 줄기 빛이 어둠을 뚫고 나왔다. 종교개혁이 이뤄진 것이다. 종교 개혁을 몇 줄의 글로 표현한다는 것은 큰 교만일 것이다. 종교 개혁에 대해 언급하진 않겠다. 아직 완성되지 않았기 때문이다. 가톨릭으로부터 분리된 개신교회는 현재의 모습을 갖춰 왔다. 종교 개혁으로부터 500년이 지나면서 선교 시대의 막이 열렸다. 유럽의 영국, 프랑스, 스페인과 같은 강대국들이 총과 배를 이용해서 식민지를 하나둘씩 늘려갔던 것이다. 이는 부정적인 결과만 낳은 것은 아니다. 그때에도 믿음을 신실하게 지켜내려는 무리가 있었다. 하지만 여전히 교황권의 막강한 파워는 제도 중심주의로 나타났고, 이를 반대하며 순결을 지키려던 복음 중심주의의 청교도인들이 등장한다. 이들로 인해 신대륙 아메

리카의 땅이 개척되고 복음이 영국 중심의 유럽에서 미국 중심의 북아메리카까지 진출하게 된다. 선교 시대의 막이 열리고 나서 말씀, 기도, 예배 중심의 성령 운동이 일어나기 시작했다. 물론 하나님의 역사하심은 예수님 시대나 지금이나 모습은 다를 수 있지만 원리는 변함이 없었다. 성경이 이를 입증해준다. 19세기에 시작된 선교 운동은 마지막 때에 있을 늦은 비의 대부흥이 이러할 것이라고 보여주는 듯했다. 이는 마치 한 편의 잘 만들어진 영화를 소개하는 트레일러의 역할을 해준 셈이다.

모세와 여호수아 세대

모세는 430년 동안 낯선 땅에서 종살이해야 했던 이스라엘 백성들을 구출해준 위대한 지도자였다. 장차 오실 예수님을 예표한 구원자의 가장 좋은 예다. 유대인들에게 존경받는 선지자로는 모세, 엘리야, 다윗을 꼽을 수 있겠다. 하나님은 이스라엘 땅을 선택하시고 성경의 역사를 써내려 오셨다. 아브라함이라는 사람을 민족의 지도자로 삼으셨다. 아브라함의 아들 이삭, 이삭의 아들 야곱, 야곱의 아들 요셉으로 4대로 이어오는 창세기의 역사가 대단원의 막을 내린다. 창세기 다음엔 출애굽기가 나온다. 구약의 맨 앞에 나오는 5권의 책을 토라 혹은 모세오경이라고 칭한다. 모세오경의 저자는 모세다. 모세의 고별 설교인 민수기를 끝으로 그의 시대가 끝을 맺는다. 여호수아는 그 누구보다도 가장 가까이서 모세를 지켜본 인물이다. 모세 곁에서 그의 리더십을 배웠고, 모세와 함께 동고동락하며, 모세의 하나님을 누구보다도 사모했던 인물이 바로 여호수아다.

> (출애굽기 33:11) 주님께서는, 마치 사람이 자기 친구에게 말하듯이, 모세와 얼굴을 마주하고 말씀하셨다. 모세가 진으로 돌아가도, 눈의 아들이며 모세의 젊은 부관인 여호수아는 장막을 떠나지 않았다.

왜 여호수아는 장막을 떠나지 않았을까? 여호수아는 하나님과 모세 사이의 친밀한 관계를 보았고 그것을 누구보다도 열렬히 사모했던 하나님의 사람이었다. 하나님께서 다녀가신 자리를 지키려 노력했고 그는 마침내 이스라엘 백성들을 약속의 땅인 가나안으로 입성시키는 막중한 사명이자 부르심을 받게 된다.

모세와 여호수아는 서로 잘 알았다. 모세를 통해 역사하신 하나님께서 여호수아에게도 임하셨다. 모세를 통해 홍해 바다를 갈라서 길을 만드셨던 것처럼 하나님께서는 여호수아를 통해서도 요단강물을 두 갈래로 가르셨다. 예수님께서 다시 오실 이 마지막 때의 홍해와

요단강은 어디일까? 모세의 세대와 여호수아의 세대가 믿음으로 건너야 했던 바닷물은 어디였을까?

실크로드의 영적 관문과 대로

교회사의 선교 시대가 그 가려졌던 베일의 장막을 벗었다. 이제 본격적인 마지막 복음 전파의 시대가 열린 것이다. 하나님은 그 역할을 감당할 선두 주자로 영국 교회를 부르셨다. 지금은 우리가 잘 알듯이 영국 교회 건물들이 술집과 레스토랑으로 전락해 버렸다. 하지만 영국 교회에 지금도 흐르는 영적 유업은 그 누구도 무시하지 못할 것이다. 마지막 대부흥의 전초 기지와 같은 역할을 했던 성령 부흥의 시작이 영국 웨일스의 작은 마을에서 '이반 로버츠'라는 한 청년의 기도를 통해 시작되었다. 이 성령의 불이 미국 아주사 거리로 갔고, 북미 교회에 횃불이 환하게 밝혀졌다. 어둠을 밝혔던 한 줄기 빛이 얼마나 강했던지 이 불길이 마침내 아시아 변방의 작은 국가 조선까지 왔다. 그 이후 불길은 점차 여러 나라로 확산하여 전 세계 73억의 인구 중 23억 이상이 복음을 받아들이게 되었다.

동방의 작은 나라 대한민국은 마지막 선교의 주자로서 놀라운 사명을 받은 나라다. 그 엄청난 부르심이 있기에 사탄은 한국 교회를 여러 방식으로 무너뜨려 왔다. 우리는 1980~2000년대 폭풍 성장을 경험했다. 그로부터 20년이 지난 지금 교회 안에는 하나님보다 사람이 높아진 인본주의가 만연하다. 대표적으로 물질 만능주의가 교회를 병들게 했다.

이 모습은 다윗의 세대에게 큰 고민으로 다가왔다. 50대 이상의 목회자들만 하더라도 신학을 하면 목사 안수를 받는 것은 당연시 여겨져 왔다. 이 세대는 다르다. 신대원 졸업 후 목사 안수를 받지 않는 사람들이 있다. 하나님 나라의 비즈니스를 하고, 출판사를 운영하며, 다양한 직업군을 형성한다. 형식에 얽매이지 않는다는 뜻이다. 목회직을 통해서만 하나님 나라에 참여할 수 있다고 생각하지 않는다. 소위 신앙이 좋으면 무조건 목사가 되라는 것도 옛 어르신들의 말이 되어 버렸다. 말보다 능력이고, 삶이 모든 것을 증명해 주기 때문이다. 이들 다윗의 세대는 전통 속에 내려온 고정관념을 과감히 탈피해왔다.

다윗의 세대의 심장 중심부에는 '열방과 이스라엘 그리고 주님의 다시 오심'이 있다. 이들은 선교의 세대다. 가슴에 시온의 대로가 있다. 하나님의 초자연적인 은혜로 짧은 기간에 예수님을 만난 사람들이다. 순수하고 깨끗하다. 주님께서 친히 이들을 진두지휘하시며 준비시켜 놓고 계시기 때문이다.

다윗의 세대와 골리앗

1800년대 후반 영국에서 선교 시대가 열렸다. 100년이 지나고 1900년대 초부터 거룩한 부흥이 시작되었다. 성령님의 폭발적인 역사로 수많은 사람이 단번에 회심하게 되는 사도행전적 역사가 일어난 것이다. 이는 마치 초대교회 시대에 베드로의 설교로 3,000명이 한꺼번에 회심했던 모습과 흡사하다. 부흥의 자리엔 하나님의 말씀과 죄 사함의 고백이 있다. 추악한 죄악을 낱낱이 고백하며 자복하고 회개함으로 사람이 뒤집히는 것이다. 이 놀라운 하나님의 역사가 봇물 터지듯 일어나기 시작한 역사적 시점에 우리가 살아가고 있다.

부흥의 역사가 전 세계를 휩쓸고 가고 난 자리에는 항상 어두운 사탄의 역사가 도사리고 있다.

이단의 역사를 연구해봐도 그렇다. 생명이 싹튼 그 뒷골목에는 항상 종교라는 거대한 골리앗이 잡초처럼 스멀스멀 싹 트는 것을 발견했다. 참고로 스멀스멀이라는 단어의 뜻은 '벌레가 지나가는 것처럼 살갗이 근질근질한 느낌'을 뜻한다. 하나님의 찬란한 역사 뒤엔 반드시 사탄이 우는 사자처럼 집어삼키려고 한다는 것이다. 다시 말해서 사탄의 역사가 강한 곳일수록 하나님의 생명이라는 비밀이 숨어 있을 확률이 높다.

고난은 어려움을 빙자한 하나님의 선물이라고 했던가? 고난이 끝나고 축복을 누리면서 하나님 찾기를 소홀히 하기 시작했다. 마치 이스라엘 백성들이 애굽 땅을 나오면서 40년 동안 광야 생활 중에 기적조차 불편해지면 지도자를 원망했던 것과 비슷하다. 하나님은 지도자를 원망하는 이스라엘 백성들을 마치 당신을 원망하는 것과 같이 대하셨다.

우리가 경계해야 할 거대한 골리앗은 무엇일까? 바로 종교다. 우리는 기독교라는 종교를 맹신하는 것이 아니다. 살아계신 하나님을 믿는 것이다. 부르심 받은 회중의 모임이 바로 에클레시아다. 초대교회는 신실하게 주님을 따랐다. 3세기 이후 교회는 변해왔다. 예수 믿기 위해 목숨을 바쳐야 하는 신앙에는 순교와 순종 외에 다른 타협점이 없다. 하지만 지금은 어떤가? 큰 교회 건물, 사람들이 몇 명 모이는가, 헌금이 얼마나 걷히는가에 성공이라는 헛된 기준이 생겨났다. 제사장으로서 백성과 하나님 사이의 중재자 역할을 잘 감당해

내라고 허락하신 목사직을 너무 쉽게 생각하는 것이 문제다.

청교도 문학을 통해 청교도인들은 성경과 목회직을 얼마나 천직으로 여겼는지 알 수 있다. 리처드 백스터의 〈참 목자상〉, 존 플라벨의 〈은혜의 방식〉, 찰스 브리지스의 〈참된 목회〉, 존 에인절 제임스의 〈간절 목회〉, 찰스 스펄전의 〈목회자 후보생에게〉와 같은 주옥같은 책은 우리에게 보물을 선사해 준다. 존 번연의 〈천로역정〉이 감옥에서 탄생했다. 그가 감옥에 갇힌 이유가 목사 자격 없이 설교했다는 이유이다. 이들 모두 하나님을 향한 거룩한 열망이 아주 대단했다.

마지막 세대는 이런 정통성, 깊이 있는 신학과 하나님을 향한 거룩한 갈망이 있는 세대다. 하나님의 은혜가 없었더라면 우린 벌써 바벨론에 포로로 붙잡혀 갔을 것이다. 하나님 나라의 역사는 항상 바알 신에 절대 타협하지 않고 무릎 꿇지 않았던 7,000명의 남은 자들을 통해 선하게 전개됐다. 하나님은 당신의 아들이자 우리들의 신랑 되신 예수님을 다시 이 땅에 보내셔서 영원한 혼인 잔치를 성대하게 열기 위해 교회 안에 거룩하고 깨끗한 그루터기를 남겨 오셨다. 그리고 이들이 하나로 연합되게 하사 왕이 오실 길을 예비하게 해왔다. 그 일들은 1950년대 후반부터 지난 70년의 역사 가운데 이뤄져 왔다.

사탄도 공산주의와 사회주의라는 이념을 통해 교회의 성장을 저지하려 해왔다. 핍박 가운데에서도 중국에서, 북한에서, 이슬람권에서 교회는 폭발적으로 성장해 왔다. 또한 이러한 일들을 위해 헌신하여 본토와 집을 떠나 해외에서 복음을 전파하기 시작한 사람들이 있는데 우리는 이들을 "선교사"라 부른다. 성경 어디에도 선교사라는 단어가 없다. MZ세대는 선교사 세대다. 예수님의 열두 제자가 선교사의 삶 자체를 살아낸 것처럼 말이다.

다윗이 나타나다

다윗의 세대는 누구인가? 이들은 모세와 여호수아 세대에서 열어 놓은 실크로드를 직접 밟을 선교 세대다. 이제 이 다윗이 일어날 때다. 이들은 마지막 대추수의 세대다. 주의 권능의 날에 새벽이슬과 같이 자원하여 나오는 자들이다. 이른 비의 역사가 열두 사도들을 통해 이뤄졌다. 이제 늦은 비의 역사는 다윗과 같은 자들을 통해 이뤄질 것이다. MZ세대와 선교 세대에게 사울의 갑옷과 투구와 검은 중요치 않다.

서로의 전쟁 용품을 주고받는 것은 모세와 여호수아의 세대에서 이뤄졌던 일이다. 실제로 한국교회의 역사만 봐도 원로 목사와 담임 목사의 관계가 가장 좋은 예다. 서로가 아는 사이 혹은 한 교회 공동체를 가장 잘 이끌어갈 적임자가 이들의 모습이다. 다윗은 만군의 여호와 이름이면 충분했다. 우리가 살아가는 오늘은 성경에 약속된 예언의 말씀들이 95% 이상 성취된 마지막 때다. 하나님은 광야에서 하프로 연주하며 찬양하고 노래했던 다윗과 같은 세대를 친히 준비시키셨다. 이제부터 이들이 어떻게 준비되어 왔는지 살펴 보고자 한다.

2. 다윗의 준비

하나님의 방법은 제한이 없다. 인간이 다 알 수도 없다. 예측 불가하다. 하나님을 다 아는 이도 없고 성경을 100% 해석할 수 있는 사람은 지구상에 존재하지 않을 것이다. 하나님은 어디에나 계시고 어떤 것도 하실 수 있다. 사람을 선택하실 때도 마찬가지다.

(시편 147:10~11) 10 주님은 힘센 준마를 좋아하지 않으시고, 빨리 달리는 힘센 다리를 가진 사람도 반기지 아니하신다. 11 주님은 오직 당신을 경외하는 사람과 당신의 한결 같은 사랑을 기다리는 사람을 좋아하신다.

다윗이 선택받은 이유를 생각해보았는가? 다윗이 사울처럼 키도 크고 용모도 준수해서였을까? 오늘날로 말하면 교회의 담임 목사 초빙 기준이 박사 학위와 스펙, 그리고 키가 크고 잘생긴 것일까? 전혀 그렇지 않다. 신약에 등장하는 바울의 이름은 여호와께 간구한, 작은 자라는 뜻이다. 하나님은 약하고 아무것도 아닌 자들을 즐겨 쓰신다. 하나님이 없다고 하는, 돈 많고 힘 있는 권력자들을 자들을 사용하시는 것이 아니다.

다윗이 골리앗 앞에 등장하기 전에 택하신 준비의 장소도 마찬가지다. 자극적인 향수가 진동하는 휘황찬란한 궁궐에서 훈련하신 것이 아니다. 다윗의 야성은 광야에서 길러졌다. 안락한 교회의 의자에 앉아서 목사님의 설교 말씀을 한 번 듣는다고 다윗과 같은 강한 믿음이 생기지 않는다는 것이다. 하나님은 종종 아무도 예상치 못한 곳에서 한 사람을 택하시고 인도하신다. 그렇게 해야만 하나님의 영광을 가로챈 천사였던 사탄과 같은 일이 반복되지 않기 때문이 아닐까 싶다. 주님은 가장 약하고 비천한, 쓰러진 자를 일으켜 세우신다. 그리고 이들을 순전히 하나님의 초자연적인 방법으로만 준비시키신다.

다윗은 광야에서 준비되었다. 아무도 없는 듯 적막한 허허벌판. 광활한 대초원의 언덕과 같은 광야다. 밤 하늘의 별을 세면서 다윗은 세심한 고백 하나하나 주님 앞에 올려드린다. 주님을 인격적으로 만나지 못한 종교인들은 감히 상상도 할 수 없는 아주 적나라하고 쉽게 놓칠 법한 고백이다. 다윗의 모든 신경계는 하나님께 향해 있다. 그는 매일매일 주님의 얼굴 앞에서 살려고 한다. 숨 쉬고 밥 먹고 일하는 모든 가운데 늘 주님을 의식한다. 이 가운데 하나님과의 친밀함이 싹튼다. 다윗이 준비된 장소가 광야다. 하나님 나라의 히든카드로 부르심 받은 다윗의 세대는 사람들로부터 철저히 고립된 광야에서 준비되어 왔다.

고독과 외로움

하나님은 사람과 영광을 나누지 않으신다. 영광은 하나님께만 속한 것이다. 사람은 그저 한낱 도구로서 모든 영광을 하나님께 돌려야 한다. 하나님께서 준비하시는 히든카드의 세대도 마찬가지다. 이들은 철저한 고독과 외로움을 견뎌내야만 했다. 바울은 살기 가득한 눈으로 예수님을 믿는 자들을 죽이려고 떠난 다메섹 도상에서 주님을 만난다. 그 후 그는 철저한 고독과 외로움 가운데 준비되었다.

(갈라디아서 2:1) 그 다음에 십사 년이 지나서, 나는 바나바와 함께 디도를 데리고, 다시 예루살렘으로 올라갔습니다.

바울은 14년의 세월 동안 무엇을 했을까? 독신의 몸으로 가정도 없이 어떻게 고독과 외로움을 견뎌냈을까? 성경은 바울이 아라비아로 가서 3년을 보냈다고 기록한다. 톰 라이트의 바울 평전을 보면 그는 또 다른 10년이라는 기록되지 않은 시간을 보냈다. 바울은 10년 동안 이스라엘의 하나님과 하나님 나라의 하나님이 일치되고 체화되는 엄청난 준비의 기간을 살아내야만 했다.

사도 바울이 보냈던 아라비아에 대한 해석은 여러가지다. 아라비아를 시내산이 있던 곳으로 본다면 그 아라비아는 산과 광야에 속한다. 산과 광야에선 말씀 묵상과 기도 외에 할 수 있는 일이 없다. 이 시간은 복음 전파를 위해 철저히 준비되는 기간으로 보냈다. 바울은 구약 성경에 기록된 메시아이신 예수 그리스도에 대한 말씀을 발견하는 하나님과의 교제 시간을 보냈다. 바울은 다메섹 도상에서 단순히 회심한 정도를 뛰어넘어 부르심을 받았다. 그의 사명은 예수 그리스도의 복음을 전파하는 것이었고 그의 부르심은 다메섹 도상에서 이뤄졌다.

바울은 사람에게 의지하며 의논하지 않았다. 준비의 기간에는 철저히 하나님과 나만 존재하는 것이다. 이 기간에 고독과 외로움의 시간이 길면 길수록 내성과 믿음이 더 강하고 깊게 길러진다. 마지막 세대도 그렇다. 마지막 때의 특별한 사명을 가진 사람일수록 철저히 외로워야 하고 철저히 고독해야 한다.

고독을 뜻하는 영어 단어는 'solitude'다. 이 단어의 뜻은 '사람들과 어떠한 접촉도 없는 것만 같은 차단'을 의미한다. 다른 뜻으로 '고립된 상태'를 의미한다. 광야의 시간은 고독의 시간이다. 혼자 있는 것만 같아야 광야를 제대로 보내는 것이다. 하나님 앞에서 벌거벗겨져야 한다. 그래야 하나님으로부터 오지 않은 것들이 발견되고 주님의 도움으로 잘라낼 수 있다.

욥의 세 친구는 욥에게 끊임없는 자신의 해석을 늘어놓았다. 종국에 하나님은 욥의 세 친구에게 다 틀렸다고 하셨다. 욥은 고독의 시간에 자신이 사랑했던 아내와 자녀 그리고 전 재산을 잃었다. 그런데도 그는 끝까지 주님을 경외하는 태도를 잃지 않으려 했다. 하나님은 그런 욥을 높이셨다. 우리가 철저히 낮아져야 주님께서 높이실 수 있는 것이다.

다윗의 세대는 고독과 외로움의 의미를 안다. 하나님은 공평하신 분이시기에 은혜를 결코 쉽게 부어주지 않으시기 때문이다. 쉽게 얻은 것은 쉽게 잃기 마련이라 했던가? 하나님은 다윗처럼 당신의 마음에 합한 사람을 택하고 은혜를 부어주기 위해서 철저히 사람들로부터 분리되어 당신만 바라보도록 하셔야 했다. 그래야만 은혜가 헛되이 여겨지지 않기 때문이다.

3. 다윗의 선택

마지막 때 두드러지는 또 다른 현상은 많은 기회의 문이 열린다는 것이다. 아무리 여러 문이 열리고 있다고 해도 지금은 선택과 집중을 해야 할 때다. 눈으로 보기에 맛있어 보인다고 다 먹으면 배탈이 나기 마련이다. 주님의 사역도 마찬가지다. 사람은 너무 쉽게 높아지는 자리에 서 있으려고 한다. 주목을 받는 것을 싫어할 사람이 있을까? 무표정이라 할지라도 마음은 교만해지기 쉽다. 이를 경계해야 한다. 교만은 패망의 선봉이라 하였던가? 왜 굳이 예수님께서 기적을 베풀고 사람들에게 자신을 드러내지 말라고 하셨을까? 왜 항상 사역 후에 혼자 산에 올라가셔서 땀방울이 핏방울 되도록 혼신의 힘을 다해 기도하셨을까? 침착함과 신중함 가운데 기도하며 하나님께 여쭙고 하나님이 하라고 하신 것만 해야 한다. 이것이 선택과 집중이다. 저 악한 원수 마귀는 하나님의 사람을 교란할 타이밍을 누구보다도 잘 알고 있다. 속임을 반복해야 시간을 지체할 수 있고 포기하게 만들 수 있기 때문이다.

하고 싶은 것과 해야 하는 것

마지막 때는 오직 주님이 말씀하시는 길을 선택하고 집중해야 할 때다. 하나님의 다루심 가운데 서 있다면 그 어디든 상관하지 않고 그 자리에 묵묵히 서 있어야 하는 것이다. 주님께서 있으라고 하시는 자리가 최상의 장소다. 사람의 눈에 천박한 자리라 할지라도 하나님은 그 자리에서 최고의 것을 선물해 주신다. 예수님께서도 마구간의 구유에서 태어나지 않으셨던가?

(로마서 8:19) 피조물은 하나님의 자녀들이 나타나기를 간절히 기다리고 있습니다.

지금 선택과 집중의 자리에 있는가? 이런 자들은 피조물들이 고대해온 하나님의 자녀들로 우뚝 서게 될 것이다. 해야 할 일과 하고 싶은 일을 구분하자. 하나님은 우리가 하고 싶은 일도 하나님의 나라와 의에 부합된다면 하나님의 때에 할 수 있도록 도와주신다. 우리 스스로가 해야 할 일을 먼저 구분하여 하나님께서 원하시는 일에 스스로가 정렬되어야 한다. 하나님의 킹덤을 향해 정렬된 한 사람, 그분의 통치를 받는 한 사람이 각처에서 드러나고 서로가 알게 되는 것이 마지막 때다.

4. 다윗의 시간

위대한 지도자는 시간의 위대함을 인식하는 자다. 성공하는 사람은 시간의 소중함을 아는 자다. 하나님께 쓰임 받았던 사람들도 마찬가지다. 성경의 인물들뿐만 아니라 역사 속에 추앙받는 위인들도 모두 일분일초를 아껴 사용한 사람들이다. 인류 역사를 통틀어 인간이 누릴 수 있는 최대치의 모든 것들을 누려본 솔로몬은 시간에 대해 다음과 같이 표현했다.

(전도서 3:1, 11) 1 모든 일에는 다 때가 있다. 세상에서 일어나는 일마다 알맞은 때가 있다. 11 하나님은 모든 것이 제때에 알

맞게 일어나도록 만드셨다. 더욱이, 하나님은 사람들에게 과거와 미래를 생각하는 감각을 주셨다. 그러나 사람은, 하나님이 하신 일을 처음부터 끝까지 다 깨닫지는 못하게 하셨다.

하나님께는 하루가 천 년 같고 천 년이 하루와 같다. 태초에 하나님이 빛, 하늘, 땅, 식물, 짐승 그리고 사람을 창조하셨다. 하나님의 무한한 우주적 시간의 개념 가운데 인간은 한낱 먼지에 불과하다. 성경은 그런 인간을 '이 땅의 나그네'라고 표현하였다. 이 땅에 잠시 잠깐 왔다가 가는 짧은 인생의 여정 속에서 목적과 의미를 찾아 나서는 순례자로 살아가는 것이다. 살아갈 이유, 존재의 목적, 인생의 무상함 가운데 '나는 어디서부터 왔고 어디로 흘러가는가?'에 대한 답을 찾는 것은 참으로 큰 축복이다. 많은 철학자가 같은 질문을 던졌는데, 더러는 답변을 찾지 못하고 또 어떤 누군가는 결국 창조주 하나님의 존재 이유를 깨닫게 된다.

세상에서 일어나는 일도 모두 매한가지다. 신의 존재를 부인하는 자도 신의 존재를 인정하는 자도 인생이라는 수레바퀴가 절묘하게 굴러가도록 뒤에서 밀고 앞에서 당기는 무언가를 깨닫게 된다. 하나님을 믿는 사람들은 그것을 하나님의 경륜 혹은 섭리라고 표현한다. 하나님의 존재를 부인하는 자들은 여전히 스스로가 시간의 주인공이 되려 한다. 숲을 보기보다 나무에 달린 잎자루 하나를 붙들고 마치 자신이 숲을 볼 수 있다고 착각하며 살아가게 되는 것이다. 사람은 하나님을 믿을 때 비로소 거대하며 끝이 없으신 그분의 존재를 알게 된다.

만물에는 다 목적과 이유가 존재한다. 세상만사는 시간이 필요한 일들이 참 많다. 사람 마음이 열리기 위해서 기다려야 하는 때가 있고, 일의 추진을 위해 앞서서 달려야 할 때가 있다. 하지만, 하나님을 믿고 신뢰하는 사람들에게 있어, 시간이라는 것은 다 하나님께 속해 있고 그분께서 친히 모든 것을 합력하여 선을 이루신다. 짧은 인생이라는 수레바퀴의 주인공이 나보다 더 크고 위대하신 전능자가 되는 것이다.

되돌아보면 과거의 사건 사고들 속에서도 하나님은 여전히 나를 돌보며 다스리고 계셨다는 것을 깨닫게 된다. 선조들이 기록해 놓은 문헌과 자료들을 통해 발견되는 일정한 패턴이 있다. 하나님께서 사람을 부르실 때 반드시 사명을 주시고 정해진 시간을 통과하게 하신다는 사실이다.

(시편 90:10) 우리의 연수가 칠십이요 강건하면 팔십이라도, 그 연수의 자랑은 수고와 슬픔뿐이요, 빠르게 지나가니, 마치 날아가는 것 같습니다.

시편 기자 모세의 고백처럼 하나님께서는 노아의 홍수 이후 사람의 평균 수명을 정해 놓으셨다. 최근에는 의학 기술의 발달로 백 세 시대라는 말이 생겨났지만, 우리는 한 치 앞도 모르는 한낱 인간에 불과하기에 시간의 주관자이신 주님 앞에서 더 겸허히 모든 주권을 맡겨 드려야 한다.

(역대지하 29:11) "여러분, 시간을 낭비하지 않도록 하시오. 주님께서는 여러분을 선택하셔서, 주님께 분향하게 하시고, 백성을 인도하여 주님께 예배드리게 하셨소."

주님께서 우리를 선택하시고 경배와 예배를 드리도록 인도하셨다. 그분의 시간에 대한 이해의 시작은 예배를 통해 주님과 깊게 대면하는 만남이다. 나는 예수님을 만나고 2년째 되었을 때 8개월의 독방 기도 시간을 보내게 되었다. 3분을 기도한 것 같은데 3시간이 지나버리는 초월적 경험이 허락되었다. 하나님께 있어 초자연적 기적과 행하심에 불가능이 있을까?

3가지 다른 시간

그레고리력, 히브리력, 성경력의 3가지 방법으로 시간을 볼 수 있다. 그레고리력은 태양력으로 1년의 길이를 365일로 계산하며 윤년을 포함한다. 그레고리력은 1월 1일을 새해로 정한다. 히브리력이라고도 하는 유대력은 유대인이 사용하는 태음 태양의 역법이다. 이집트에서 유랑 시절 태양력을 접하고 종교적인 이유로 음력을 따른다. 유대인에게 있어 새해는 '로쉬 하샤나'라고 해서 티슈리 월에 해당하는 9~10월에 해당한다. 마지막으로 성경력의 새해는 언제일까? 하나님은 이스라엘 백성들이 출애굽 한 그달을 한 해의 첫째 달로 삼으라고 하셨다. 유월절이 있는 달이다.

> (출애굽기 12:1~2) 1 주님께서 이집트 땅에서 모세와 아론에게 말씀하셨다. 2 너희는 이 달을 한 해의 첫째 달로 삼아서, 한 해를 시작하는 달로 하여라.

아빕월을 니산월이라고도 불렀는데 모세오경에는 아빕월이라고 표기했다. 바빌론 포로기 이후에 쓰인 느헤미야서와 에스더서에는 니산월로 되어 있다. 아빕이 가나안식 옛이름이고 니산이 바벨론식 새 이름이기 때문이다. 니산은 아카드어에서 유래한 말로 '새롭게 시작하다, 출발하다'의 의미를 내포한다.

> (출애굽기 13:4) 첫째 달인 아빕월의 오늘 당신들이 이집트를 떠났습니다.

세 가지 관점의 시간을 종합해서 보자. 하나님을 모르는 세상 사람들은 매해 1월 1일을 새해로 여긴다. 유대인들이 지금도 사용하는 이스라엘 달력을 성경을 믿는 기독교인들은 알아야 한다. 영적인 시간표에 있어서 하나님께서 무언가를 시작하고 말씀하시는 패턴이 바로, 니산월이 있는 유월절부터 시작된다는 깊은 의미를 볼 수 있기 때문이다.

하나님은 친히 준비하신 다윗의 세대를 부르셨고, 이 마지막 주자의 세대가 일어날 것 공표하셨다. 또한 하나님 나라 안에서 그들의 정체성을 확고하게 하셨다. 하나님 나라 안에서 무엇을 해야 하며 본인들이 어떤 사람들인지 확실히 알고 있는 무리가 있다. 이들은 짐승의 표가 드러날 이 마지막 때에 대부흥이 있다는 사실을 알고 준비된 자들이다. 안타깝게도 똑같은 성경을 보는데 이런 부흥이 있다는 성경 말씀을 전혀 받아들이지 못한 채 휴거만을 기다리는 자들이 있다. 모든 환난을 피해서 들림 받을 준비만 하는 것이다. 이는 매우 위험하다.

   신랑이신 예수님께서 신부 된 우리를 취하러 오실 때 어떤 자들을 신부로 맞이하겠는가? 슬기로운 다섯 처녀처럼 기름 등불을 꺼뜨리지 않은 상태로, 주신 달란트가 3개라고 할지라도 3개 모두를 하나님 나라를 위해 모두 사용하며 열심히 살아가는 정결한 처녀를 택하지 않으실까? 시한부 종말론적이며 비성경적인 신앙적 뿌리의 근본이 오늘날 교회가 바라보며 기도하며 깨달아야 할 중대한 사명을 잊어버리게 만들고 있다. 다윗의 세대는 계시록에 기록된 말씀을 마음판에 새기며 오늘도 하나님께서 있으라고 하는 자리에서 최선을 다해 하루를 값지게 살아가는 자들이다.

> (요한계시록 7:9~17) 9 "그 뒤에 내가 보니, 아무도 그 수를 셀 수 없을 만큼 큰 무리가 있었습니다. 그들은 모든 민족과 종족과 백성과 언어에서 나온 사람들인데, 흰 두루마기를 입고, 종려나무 가지를 손에 들고, 보좌 앞과 어린 양 앞에 서 있었습니다. 10 그들은 큰 소리로, "구원은 보좌에 앉아 계신 우리 하나님과 어린 양의 것입니다" 하고 외쳤습니다. 11 모든 천사들은 보좌와 장로들과 네 생물을 둘러 서 있다가, 보좌 앞에 엎드려

하나님께 경배하면서, 12 "아멘, 찬송과 영광과 지혜와 감사와 존귀와 권능과 힘이 우리 하나님께 영원무궁 하도록 있습니다. 아멘!" 하고 말하였습니다. 13 그 때에 장로들 가운데 하나가 "흰 두루마기를 입은 이 사람들은 누구이며, 또 어디에서 왔습니까?" 하고 나에게 물었습니다. 14 내가 "장로님, 장로님께서 잘 알고 계십니다" 하고 대답하였더니, 그는 나에게 이렇게 말하였습니다. "이 사람들은 큰 환난을 겪어 낸 사람들입니다. 그들은 어린 양이 흘리신 피에 자기들의 두루마기를 빨아서 희게 하였습니다. 15 그러므로 그들은 하나님의 보좌 앞에 있고, 하나님의 성전에서 밤낮 그분을 섬기고 있습니다. 그리고 그 보좌에 앉으신 분이 그들을 덮는 장막이 되어 주실 것입니다. 16 그들은 다시는 주리지 않고, 목마르지도 않고, 해나 그 밖에 어떤 열도 그들 위에 괴롭게 내려 쬐지 않을 것입니다. 17 보좌 한가운데 계신 어린 양이 그들의 목자가 되셔서, 생명의 샘물로 그들을 인도하실 것이고, 하나님께서 그들의 눈에서 눈물을 말끔히 씻어 주실 것입니다.

모든 나라에서 나오는 온 무리는 환난을 이겨낸 자들이다. 다니엘의 세 친구와 같이 풀무불의 고난 가운데 주님의 보호하심을 받은 자들이고 욥의 고백처럼 정금같이 나온 자들이다. 에스더의 고백처럼 '죽으면 죽으리라' 고백하며 룻처럼 킹덤의 유업을 가업으로 이어갈 사람들이다. 이들은 절대 타협하지 않으며 자신을 스스로 깨끗하게 지키려 노력해 왔다. 사람들이 맞는다고 하는 것이 아닌 자신 안에 희미하게 말씀하시는 성령님의 음성을 들을 수 있어야 한다. 스스로는 깨끗하고 정결해질 수 있는 정화 능력이 없기에 날마다 매 순간 십자가에서 흘리신 예수님의 보혈을 의지하는 자다.

유명한 선지자와 사역자의 말을 맹신하지 않고, 하나님의 말씀 앞에서 지켜온 신념을 가진 자들이 마지막 날 초자연적인 일들을 행하게 될 것이다. 하나님은 이들을 특별히 준비시키셨고 그 시간을 단축해 주셨다. 모세와 여호수아 세대를 훈련하시는 데 30년의 세월이 걸렸는데, 다윗의 세대에게는 10년이 걸린 것이다. 시간의 단축이라는 특징이 다윗의 세대에게 나타난다. 어떻게 이런 일이 가능한 것인가? 하나님께 그들을 향한 특별한 계획이 있기 때문이다.

다윗의 세대에 있어서 코로나 펜데믹은 축복의 시간이었다. 더욱더 깊게 지성소 앞으로 나아가 주님을 예배하며 하나님을 만나는 시간이 확보되고 깊어졌기 때문이다. 코로나로 인해 모든 것이 멈춰버린 것 같고 해외여행도 제약이 많이 따르게 되었다. 주님은 이 시간을 통해 자기 인생의 수레바퀴를 여전히 주님께 맡기는지, 아니면 자신이 주인이 되어 무리한 방법을 사용해가며 열어가려고 하는지를 보며 마음의 중심을 파악하셨을 것이다. 왜냐하면 마지막 때 다윗의 세대 자체가 상상을 초월하는 하나님만의 방식으로 준비되었기 때문에 그렇다. 앞으로 어떤 일들이 어떻게 펼쳐질지 아무도 예측하기 어려운 때로 진입하고 있다. 하나님께서 막판에 히든카드로 사용하실 세대인 다윗과 같은 자들이 세계 각처에 준비되고 있다. 그리고 이 하나님 나라의 군대를 이끌 리더가 이스라엘을 시기 나게 할 알이랑 민족인 대한민국에 있다고 믿는다.

히브리적 시간의 비밀

세상에 우연은 없다. 우리가 경험하게 되는 모든 일에는 다 이유가 있다. 시간도 마찬가지다. 하나님은 시간의 주관자 되신다. 하나님은 6일 만에 천지를 창조하시고 7일째 쉬셨다. 하나님께는 하루가 천년과도 같다고 하였다. 탈무드에서 R. Katina는 다음과 같이 설명한다.

"세상은 6천년이 될 것이고 1천 [일곱째], 그날에 오직 주님 만이 높으리라"

"7년이 슈미타[Shmita]의 해인 것처럼 세상도 7년 중 천년이 휴경[Mushmat]입니다. 주님만이 그날에 승영하실 것입니다."

또한 유대교의 전통 문헌인 미드라시는 역대하 13장 22절에 '잇도 예언자의 역사책'이라고 기록되어 있다. 쉽게 풀자면 미드라시는 일종의 성경 주석의 설교 방식이다. 한 랍비는 미드라시에서 인류의 시간표를 다음과 같이 설명한다.

"전쟁과 평화를 위해 들어오고 나가는 데 6온이 걸렸습니다. 일곱 번째 영은 전적으로 안식일이며 영생을 위한 휴식입니다."

존 파슨스의 〈토라포션〉에도 위의 설명을 뒷받침해주는 내용이 잘 설명되어 있다.

"유대 현자들에 따르면, 세계의 역사는 창조의 칠 일에 해당하는 일곱 번의 1천 년의 '날들'로 이해될 수 있다고 한다. 탈무드에서는 이 세계는 육천 년 간만 존재하게 되며, 올람 하바라고 부르는 다가올 7천 년에는 전 세계가 샬롬의 시대가 될 것이라고 말하고 있다."

탈무드와 미드라쉬 둘 다 유대교에서 쓰이는 전통 문헌이다. 유대교는 예수님을 메시아로 받아들이지 않고 있다. 혹자는 탈무드와 미드라쉬에 적그리스도의 영이 내재한다고 한다. 여기서 적그리스도의 영은 예수님을 메시아로 인정하지 않는 것을 의미한다. 하지만 여기서 탈무드와 미드라쉬를 인용한 이유는 바로 "시간의 총체성" 때문이다. 총체적인 관점으로 시간이라는 개념에 접근할 때 하나님의 시간이 총 7,000년인 것을 알 수 있다. 예수님께서 다시 오시는 재림의 때에 우리는 주님과 천년 왕국을 다스리게 된다. 그렇다면 인류의 시간이 예수님 다시 오시기 전까지 6,000년이라는 사실을 깨닫게 된다.

5770과 5780의 시간 계산법

이스라엘이 열리는 순간 자연스럽게 5로 시작되는 4자리 연도를 발견하게 된다. 올해가 5783의 해다. 이 뜻은 무엇일까? 그리고 이 계산법은 어디서부터 왔을까? 지금부터 간략히 계산법을 살펴보고자 한다. ESV 스터디 바이블에 따르면 천지 창조가 주전 4004년에 있었던 것으로 계산한다. 정통 유대인들도 비슷한 계산법을 적용하여 서기 2000년을 5760년이라고 보았다.

5770년대는 2009년~2019년이었다. 히브리어로 '아인'에 해당되는 이 기간은 70년의 주기가 10년 동안 지속됐다. 아인은 '하나님의 관점으로 보다'라는 의미다. 반면에 5780년대는 2020년부터 시작됐다. 히브리어로 '페이'다. 쉽게 해석하면, 5770~5780년의 '10년 동안 하나님께서 보고 경험하고 느끼신 것'을 이제는 '말하고 선포할 때'라는 것이다.

　주님은 무조건 순종할 수 있는 자를 보신다. 앞뒤 좌우 계산하거나 따지지 않고 하나님의 명령이면 절대복종할 사람을 원하시는 것이다. 하나님과의 친밀한 사랑이 정말 달콤하기에 주님이 좋은 것이다. 다른 이유는 없다. 한번 무엇을 하면 아주 온 힘을 다해서 모든 열정을 쏟아부어야 한다. 적당히 설렁설렁하는 법은 있을 수 없다. 하나님과의 관계도 마찬가지다. 사람들이 뭐라고 해석하든 상관없다. 오직 나와 주님과의 일대일 관계에서 그분이 우리를 다스리신다. 사람들은 너무 쉽게 자기 경험에 비추어 타인의 훈련 과정이 언제 끝날지 계산하고 말을 건넨다. 하지만 다윗의 부르심을 가진 사람들은 알고 있을 것이다. 이 훈련의 시작과 끝은 오직 주님이시며, '믿음과 순종'으로 직진하는 돌파만이 시간 낭비하지 않는 비결이라는 것을 말이다.

　하나님은 이 마지막 때, 당신의 아들 독생자 예수님을 이 땅에 보내시기 전에 많은 이들의 영혼을 구원하실 것이다. 놀랍도록 말도 안 되는 초자연적인 하늘의 기름 부으심이 풀어질 것이다. 이 놀라운 일들을 해낼 사람들로서 우리는 모든 권세와 능력의 주관자가 오직 하나님 아버지 한 분 밖에는 없다는 사실을 잊어선 안 된다. 어떤 이도 주님 앞에 교만할 수 없다. 주님만이 왕이시다. 주님은 이제 사람을 준비시키시는 그 시간마저 단축하고 계신다. 신랑 예수님과 신부인 교회의 성대한 혼인 잔치가 얼마 남지 않았기 때문이다. 누구보다도 세상을 사랑하신 주님께서 이제 그 추수할 일꾼을 준비하고 계신 것이다. 이들은 다윗의 세대다. 광야에서 준비되어 모든 이들의 예상을 뒤엎고 나타날 하나님의 아들들이다.

5. 다윗의 무장

병사에서 군대장관으로

군인이 전쟁터에 나가려면 완전히 중무장이 돼야 한다. 자대에 배치되기 전에 먼저 훈련소에 가서 이전에 입었던 모든 옷과 신발을 벗어버린다. 옛사람이 완전히 십자가에 못 박혀야 하는 것이다. 새로운 전투복을 입고 군화를 닦는 법을 배운다. 새 사람 즉 성령의 사람이 되는 것이다. 매일 규칙적인 생활 습관이 몸에 배게 해야 한다. 주야로 하나님의 말씀을 묵상하는 방법, 기도하는 법, 크리스천 생활의 전반적인 이해를 통해 군대가 무엇인지 배워 간다. 훈련생의 티를 벗고 이제 어엿한 군인이 된다. 군인이 되면 자신이 속할 자대로 배치가 된다. 하나님께서 우리를 영적 군사로 부르신다면 다음에는 특별한 맞춤 학습이 시작된다. 가장 기초적인 단위로 교회 공동체가 되고 가정이 된다. 사람들과 부대끼며 여러 가지를 학습하게 된다. 여기서 군사로서 특수 부대에 갈 것인지 자대에 남아 군 생활만 마칠 것인지가 결정된다.

이기는 자

사탄은 폭력적으로 그리스도의 교회를 박해할 것이다. 이제는 드러내놓고 자기기만을 하며 거짓 가르침으로 많은 사람을 미혹하고 있다. 교회의 대적들은 박해를 강화하고 있다. 여러 탄압의 형태가 이미 시도되었고 더욱 가속화될 것이다. 모든 방법을 시도해서 소위 믿음이 좋다는 사람들도 흔들어댈 것이다. 많은 사람이 실족하고 배도하는 모습을 보며 실족하는 일이 빈번해질 것이다. 거룩하게 살고자 하는 소수의 무리를 박해하는 자들이 교회 안에서도 일어날 것이다.

주님은 죄와 고난으로 더럽혀진 옛 하늘과 옛 땅을 새 하늘과 새 땅으로 대체하실 것이다. 교회는 눈부시게 순결하게 될 것이며 점 없고 흠 없는 신부로서 남편 되시는 예수님 앞에 당당하게 서게 될 것이다. 사람을 보면서 신앙 생활하면 반드시 망한다. 정녕 내 삶의 모습이 예수님께서 말씀하신 좁은 문과 좁은 길로 잘 걸어가고 있는가? 나는 예수 그리스도를 이 땅의 어떤 것들보다 가장 존귀하신 분으로 여기고 있는가? 지금 당장 이 땅에서 직장이 없어지고 통장 잔고가 없어도 하나님께서 먹이고 입히실 것이라는 믿음이 있는가? 믿음의 주요 온전하고 완전하게 하시는 예수님을 바라보는 실제적 훈련을 몇 가지 제시하고자 한다.

먼저 언행일치, 지행일치, 신행일치의 삶을 살라. 말과 행동, 앎과 행동, 믿음과 행동이 일치해야 한다는 뜻이다. 그리스도인에겐 기준이 필요한데 그 지침은 오직 성경 말씀이다. 구약은 이사야, 예레미야, 에스겔, 다니엘 서를 비롯하여 호세아서부터 말라기까지의 예언서 말씀, 신약은 요한계시록을 잘 살펴보자. 물론 성경 66권을 골고루 섭취하는 균형이 먼저 갖춰지는 것이 우선이다. 이다음에는 알고 깨달은 진리가 내 몸에 베이도록 실천하고 행동하는 것이다. 이는 결코 쉽지 않다. 아무리 시도해도 몸이 기억하는 악한 습관은 잘 바뀌지 않는다. 하지만 사람이 생각하는 가능이라는 범주에는 한계가 있지만 하나님께서 베푸실 수 있는 능력에는 한계가 없다는 것을 명심하자. 하나님의 은혜를 모르는 사람들일수록 사람은 변하지 않는다고 쉽게 단정 짓는다. 그렇지 않다. 사람이 변화되지 않는다면 우리의 죄를 용서해주기 위해서 십자가에 달리신 예수님의 능력을 부인하는 셈이 될 것이다. 십자가에 달리신 예수님을 믿는가? 부활하고 장사된 지 사흘 만에 다시 살아 나신 주님께서 다시 오실 때를 살아가고 있다는 것을 믿는가?

이 복음을 믿는다면 우리는 이제부터라도 또 한 가지를 잊지 말자. 제아무리 하나님 앞에서 회개했다고 해도 사람 간의 용서와 화해를 간과해선 절대 안 된다는 사실이다. 오늘날 그리스도인들이 하나님의 능력은 믿지만 정작 하나님 자체를 잘 믿지 못하고, 맘몬 신인 돈에 대한 사랑을 떨쳐내지 못하는 이유가 바로 여기에 있다. 나 자신과 하나님 사이는 괜찮다고 하면서 형제자매와의 관계에서 상대방이 다치지 않도록 노력하지 않는 것이다. 마음의 중심이 하나님보다 세상의 재물이 될수록 하나님 사랑과 이웃 사랑의 가르침을 너무 쉽게 생각하게 된다. 이웃을 사랑함이 하나님을 사랑하는 사람들의 아름다운 증거다.

이기는 자는 주 안에서 자신의 자아가 완전히 죽은 자로서 기록된 말씀을 날마다 지켜내는 자다. 깨어 자기 옷을 지켜서 벌거벗고 다니지 아니하며, 자기의 부끄러움을 보이지 않는 자를 말한다.

> (요한계시록 3:18/개역개정) 내가 너를 권하노니 불로 연단한 금을 사서 부요하게 하고 흰 옷을 사서 입어 벌거벗은 수치를 보이지 않게 하고 안약을 사서 눈에 발라 보게 하라

말씀에서 흰옷을 사서 입는다는 의미는 무엇일까? 하나님의 의의 옷을 입는 것이다. 예수님을 믿음으로 죄인 된 우리를 의롭다고 하시며 의인 삼아 주셨다. 우리는 죄인임과 동시에 의인인 두 가지 정체성이 있는 것이다. 그렇기에 날마다 구원에 합당한 열매를 맺기 위해 두렵고 떨리는 마음으로 구원을 이뤄가야 한다. 한번 얻은 구원이 영원하지 않다는 것이다.

세마포 옷은 거룩한 주님의 신부가 입는 옷이다. 이 옷은 '성도들의 옳은 행실'이라고 언급되어 있다. 행실은 하나님의 말씀을 지키는 것이다. 이 일치된 삶으로 가는 데에는 하나님과 올바른 사랑의 관계를 회복하는 것이 최우선이다. 그다음에 그분께 우리 각자를 향해서 원하시는 일이 있다는 것을 깨닫게 될 것이다. 그것을 사명과 부르심이라고 한다. 사람으로서 마땅히 해야 할 일을 해내는 원동

력 정도로 의역할 수 있겠다. 주님께서 부르셨다는 사실을 깨달았다면 '믿음과 순종'으로 반응하며 나아가는 것이 중요하다. 거룩한 신부이자 성도로서 하나님 보시기에 좋았더라 하실만한 옳은 행실이 되는 것이다.

> (요한계시록 22:14) 생명 나무에 이르는 권리를 차지하려고, 그리고 성문으로 해서 도성에 들어가려고, 자기 겉옷을 깨끗이 빠는 사람은 복이 있다.

두루마기는 헬라어로 "스톨레"라는 단어로 '장비, 겉옷, 긴 옷'이라는 뜻이다. 두루마리는 헬라어로 비블리온으로 '두루마리, 지혜, 책, 서적'을 의미한다. 자기 겉옷을 깨끗이 빠는 사람은 의복을 청결하게 유지하는 것을 의미한다. 우리가 깨끗하게 될 때는 언제인가? 회개하여 죄 사함을 받을 때다.

> (요한계시록 7:13~17) 13 "그 때에 장로들 가운데 하나가 흰 두루마기를 입은 이 사람들은 누구이며, 또 어디에서 왔습니까?" 하고 나에게 물었습니다. 14 내가 "장로님, 장로님께서 잘 알고 계십니다" 하고 대답하였더니, 그는 나에게 이렇게 말하였습니다. "이 사람들은 큰 환난을 겪어 낸 사람들입니다. 그들은 어린 양이 흘리신 피에 자기들의 두루마기를 빨아서 희게

하였습니다. 15 그러므로 그들은 하나님의 보좌 앞에 있고, 하나님의 성전에서 밤낮 그분을 섬기고 있습니다. 그리고 그 보좌에 앉으신 분이 그들을 덮는 장막이 되어 주실 것입니다. 16 그들은 다시는 주리지 않고, 목마르지도 않고, 해나 그 밖에 어떤 열도 그들 위에 괴롭게 내려 쬐지 않을 것입니다. 17 보좌 한가운데 계신 어린 양이 그들의 목자가 되셔서, 생명의 샘물로 그들을 인도하실 것이고, 하나님께서 그들의 눈에서 눈물을 말끔히 씻어 주실 것입니다."

이 땅에 머무는 동안 하늘에 좋은 상급을 많이 쌓도록 노력하자. 힘써 구제하고 선교하며, 가난하고 소외된 자들에게 손을 내밀고 하나님 나라의 선한 사업에 동참해야 한다. 남을 구제할 때 내가 더욱 부유해지는, 하늘의 놀라운 영적 축복을 누리는 자가 되자. 이들이 어린 양의 혼인 잔치에 참여하고 주님께서 다시 오실 때 부활에 참여하는 자들이다. 어린 양 예수 그리스도의 보혈로 우리의 죄는 십자가에서 용서함을 받았다. 할렐루야!

다윗의 무기

다윗은 물 맷돌로 골리앗을 무너뜨렸고, 하프를 켜서 사울 왕에게 임한, 악한 영을 떠나가게 하였다. 다윗에게 물 맷돌의 다른 영적 의미는 '만군의 여호와의 이름만을 의지하겠다'이고, 하프의 의미는 '나의 힘이신 주여 내가 주를 찬양하나이다'다. 다윗에게 혼자 머무는 시간은 무기를 잘 사용할 수 있게 되는 연습과 훈련의 시간이기도 했다. 그는 주님을 독대하는 시간이 사람들 앞에서 드러나는 시간보다 더 중요함을 깨달았다. 정확히 물 맷돌을 던져야 할 때를 기다리는 훈련과 명중을 할 만한 힘과 내성을 길러야 했기 때문이다. 하프도 마찬가지다. 흔히 사울 왕에게 임한 악귀를 떨치기 위해 어떠한 엄청난 돌파의 능력을 갖춘 사람이나 귀신을 내쫓는 은사자가 필요하다고 생각하기 쉽다. 예수님의 열두 제자도 귀신을 내쫓지 못해 결국 주님을 찾았다. 주님은 그들에게 능력이 없음이 아니라 믿음이 없음을 꾸짖으셨다.

다윗에게 필요한 것은 무엇이었을까? 하프를 잘 연주하는 능력이었을까? 물론 악기를 제대로 다루는 재주와 능력도 필요하지만, 하나님은 다윗의 하트, 즉 중심을 보셨다. 여러 형들의 등살에 밀려 항상 막내로서 주목받지 못하는 자리에 있었어도 그는 실망하거나 좌절하지 않고 아버지가 맡긴 양들을 치는 역할을 누구보다도 잘 해냈다. 작은 일에 충성했을 때 큰일을 맡겨주시는 성경적 원리가 그에게 적용되었을까? 다윗은 하프를 연주할 때 귀신을 내쫓는 데 집중하기보다 사울 왕을 사랑하는 마음으로 하나님을 전심으로 찬양하고 예배했을 것이다. 사랑하는 사람이 힘들어하는 모습을 보며 자신에겐 은과 금이 없지만 자신에게 있는 오직 한 분 여호와 하나님만 온전히 바라보았다.

> (사무엘기상 16:14~16) 14 "사울에게서는 주님의 영이 떠났고, 그 대신에 주님께서 보내신 악한 영이 사울을 괴롭혔다. 15 신하들이 사울에게 아뢰었다. "임금님, 하나님이 보내신 악한 영이 지금 임금님을 괴롭히고 있습니다. 16 임금님은 신하들에게, 수금을 잘 타는 사람을 하나 구하라고, 분부를 내려 주시기 바랍니다. 하나님이 보내신 악한 영이 임금님께 덮칠 때마다, 그가 손으로 수금을 타면, 임금님이 나으실 것입니다."

마지막 날에 하나님 나라의 군대가 소집될 때는 교회 안에 소수의 남은 자의 무리가 모여 군대를 이루게 될 것이다. 이들은 앞서 언급한 이 시대의 죄악에 타협하지 않은 자들로 구성이 될 것이다. 우리는 사울과 다윗의 차이를 너무 잘 알고 있지 않은가? 사울의 왕권이 다윗으로 옮겨 갈 수밖에 없던 이유가 자신의 이름을 높이는 비석을 세운 교만과 사무엘 선지자를 기다리지 못하고 이스라엘 백성들을 의식한 성급함 등이 아니었는가? 사울은 모든 것을 다 갖추고 있었다. 하지만 다윗에게는 잘 훈련된 자신과 하나님과의 친밀한 관계 밖엔 남은 것이 없었다.

마지막 때 하나님의 히든카드로 준비된 다윗의 세대가 가진 무기는 '하나님의 강력한 임재'다. 주님의 내주하심 가운데 예언적으로 깃발을 흔들고 뿔 나팔을 부는 것이다. 하나님의 전쟁은 총과 칼에 승패가 달리지 않는다. 만군의 여호와를 의지하며 나아갈 자 누구인가? 당당하게 적진 앞에 서서 만군의 여호와의 이름으로 깃발을 흔들 신부의 군대는 누구인가? 나팔을 히브리어로 쇼파르라고 한다. 쇼파르를 불고 왕이 오심을 알리며, 군대를 지휘하며 나가서 싸울 자 누구인가? 깃발을 흔들고 쇼파르를 통해 영적 기류를 바꿀 하나님 나라의 군사들이 세워지고 있다. 이들은 다윗의 세대로, 에스더의 세대로 하나님 나라의 마지막 전투를 위해 준비되는 자들이다.

마지막 때 정직과 거룩의 훈련

지금 우리는 어떤 무장을 해야 할까? 무장은 전쟁터에 나갈 준비가 되는 것인데 마지막 때 전쟁을 위해 우리는 어떤 준비가 되어야 하는 것일까? 하늘의 권세와 능력이 풀어지는 날에 하나님의 사람이 준비되기 위해 지금 필요한 훈련은 "정직과 거룩"이다. 우리의 입술에 거짓이 없어야 하고 청지기로서 재정을 투명하게 사용할 줄 알아야 한다. 사람으로서 마땅히 해야 하는 도리에 어긋나고 순리를 완전히 거스르는 불법과 거짓이 난무하는 마지막 때다. 하나님께서는 당신의 자녀 된 우리 예수님의 보혈을 의지하여 날마다 깨끗해지도록 말씀을 실천하길 원하시는 것이다.

> (시편 24:1~6) 1 땅과 그 안에 가득 찬 것이 모두 다 주님의 것, 온 누리와 그 안에 살고 있는 모든 것도 주님의 것이다. 2 분명히 주님께서 그 기초를 바다를 정복하여 세우셨고, 강을 정복하여 단단히 세우셨구나. 3 누가 주님의 산에 오를 수 있으며, 누가 그 거룩한 곳에 들어설 수 있느냐? 4 깨끗한 손과 해맑은 마음을 가진 사람, 헛된 우상에게 마음이 팔리지 않고, 거짓 맹세를 하지 않는 사람이다. 5 그런 사람은 주님께서 주시는 복을 받고, 그를 구원하시는 하나님께로부터 의롭다고 인정받을 사람이다. 6 그런 사람은 주님을 찾는 사람이요, 야곱의 하나님의 얼굴을 사모하는 사람이다. (셀라)

다윗으로 무장되는 자들은 깨끗한 손과 해맑은 마음을 가진 사람이다. 이 세상의 헛된 우상인 육신의 정욕과 안목의 정욕, 이생의 자랑에 마음이 팔리지 않으려고 부단히 노력한다. 입술로 거짓 맹세를 하지 않는다. 주님은 이런 자를 인정하시고 복을 주신다. 이들은 주의 얼굴을 구하는 자들이고 하나님의 임재를 사모하는 사람들이다. 다윗의 세대에게 하나님은 다윗의 열쇠를 주셔서 영적 문들을 이 땅에서 풀고 열 수 있는 권세를 주신다. 하늘의 권세와 능력이 마침내 주어진 것이다. 주님은 이들을 영원한 영광의 문으로 초대하신다.

> (시편 24:7~10) 7 문들아, 너희 머리를 들어라. 영원한 문들아, 활짝 열려라. 영광의 왕께서 들어가신다. 8 영광의 왕이 뉘시냐? 힘이 세고 용맹하신 주님이시다. 전쟁의 용사이신 주님이시다. 9 문들아, 너희 머리를 들어라. 영원한 문들아, 활짝 열려라. 영광의 왕께서 들어가신다. 10 영광의 왕이 뉘시냐? 만군의 주님, 그분이야말로 영광의 왕이시다. (셀라)"

6. 다윗의 대가

　다윗은 살아생전 손에 피를 많이 묻힌 사람이다. 그 이유로 하나님의 성전을 지을 수 없었다. 대신 그의 아들 솔로몬이 그 역할을 감당하게 된 것이다. 다윗은 가는 곳마다 전쟁에서 승리했다. 하나님께서 항상 그의 팔을 견고하게 하셨고 사망의 죽음에서 건져 주셨다. 다윗은 정복 전쟁에서 승승장구했다. 마침내 그는 이스라엘에서 가장 존경 받는 왕이 되었다. 왕이 된 후에도 많은 시련이 있었다. 다윗은 항상 사람보다 하나님을 의식했고 동시에 사람도 사랑할 줄 아는 인물이었다. 수많은 시편을 통해 하나님과의 친밀한 사랑의 관계와 자신의 인생 전반에서 경험한 많은 감정과 고백을 써냈다. 다윗은 마침내 전쟁에서 항상 승리하게 하시는 하나님과 동행하게 되었다. 이 시대 하나님에 대해서 믿음을 가진 사람은 많지만, 주님과 동행하는 자는 적다. 제자도의 대가 지불을 하지 않았기 때문이다. 하나님 히든 카드로서 준비되는 데에 가장 중요한 단계인 대가 지불에 대해서 살펴보고자 한다.

두려움의 극복

죽음과 부활을 경험한 제자들에게 두려움은 사치가 되었다. 예수님을 사랑함이 허다한 죄와 두려움을 덮은 것이다. 제자들은 하늘로 올려지시는 예수님을 목격했다. 예수님께서 보내주신 성령님과 인격적 만남을 갖게 되는 시점이 왔다. 오순절 마가의 다락방에 모인 120명의 제자는 성령을 받게 되었다. 그들은 예수님께서 산에서 주신 가르침대로 좁은 길을 걷게 된다. 두려움이 아닌 깊은 사랑으로 인해 주님을 따르는 제자들은 예수님께서 걸으신 길을 자연스럽게 선택한 것이다.

각자의 자리에서 두려움을 떨쳐낸 다윗의 세대가 치른 대가는 좁은 길이다. 좁은 길은 사람들로부터 인정받고 주목받는 자리가 아니다. 다윗 세대의 대가는 '잊히는 자리'에 머무는 것이다. 이들의 삶에는 예수님의 동행을 통한 간증이 넘쳐난다. 이미 주님과 동행하는 여정에 인간적 이해의 범주를 넘어선 하나님의 개입하심이 그 다윗과 같은 자들을 준비시켜 왔다. 지금 이 좁은 길을 걸어온 소수의 무리가 대한민국과 열방에 준비가 다 되어가고 있다. 이들은 다윗의 열쇠를 가진 자들이다. 로마서 8장 19절처럼 "피조물들이 고대하는 바 하나님의 아들들이 일어나는 것"이다.

하나님은 다윗의 세대에게 악한 자의 술수를 간파해낼 수 있는 지략도 주셨다. 사탄 마귀는 온갖 방법을 동원하여 예수님께서 다시 오시기 전에 있을 대부흥을 통한 추수를 막으려 한다. 신세계 질서를 구축하여 기득권층만의 세상을 만들려고 한다. 통제적 가능한 시스템을 통해서 인구를 감축하고, 기후 변화를 통한 새로운 질서를 수립하며, 기존 화폐를 폐기하고 디지털 화폐를 시장에 선보인다. 세계 속의 경제, 문화, 산업, 미디어, 교육, 정치, 종교 등은 우리의 가정과 교회에 급속도로 파고들고 있다. 이제는 우리가 예수님을 따르기 위한 대가를 지불함으로써 다윗의 세대로 준비되기를 힘써야 한다.

자신의 자리에서 대가를 치러 다윗의 세대에겐 남은 자로서 3가지 특징이 있다. 첫째는 지금이 예수님께서 곧 다시 오실 때라는 것을 직접 목격하고 경험해 왔다는 것이다. 둘째는 바로, 이 순간 세상의 쾌락, 유혹, 즐거움을 버리고 세상에서 지워지는 실제적 훈련을 하고 있다는 것이다. 셋째, 불완전한 세상의 악법을 따르지 않고 100% 신뢰할 수 있는 성경의 진리만을 따른다.

얻기 위해 버려야 한다. 무언가 손에 쥐려면 쥐고 있는 무언가를 내려놓아야 한다. 어린아이들은 손에 쥔 사탕을 빼앗기지 않으려고 떼를 쓰며 운다. 우리의 신앙도 그렇게 보일 때가 많다. 우리는 어린아이처럼 순수하지만, 어른처럼 성숙해야 한다. 마지막 시대를 살아가는 성숙한 그리스도인도 마찬가지다. 세상에서 제시하는 것들이 우리 일상을 편리하게 해주는 것은 사실이다. 하지만 이것이 성경 말씀에 위배되는 방향으로 가고 있는지 한 번 더 의심해 보아야 한다.

영 분별의 훈련

모든 것이 가하나 모든 것이 유익하지는 않다. 마지막의 마지막에 다다를수록 예리하고 정확한 판단으로 선택하는 훈련을 해야 한다. 항상 눈에 보기에 좋은 것은 좋은 사람들을 통하여 온다. 좋은 사람을 통해 왔다고 해서 그것이 하나님으로부터 온 것이 아닐 수 있다는 말이다. 지금은 시간 낭비할 때가 아니다. 한번의 그릇된 선택은 하나님의 사람으로 하여금 그 시간을 우회하게 만든다. 단번에 갈 수 있는 목적지를 빙빙 돌아가게 하는 것과 같다.

하나님의 일곱 가지 영은 여호와의 신, 지혜, 총명, 모략, 재능, 지식, 여호와를 경외하는 영이다. 영 분별의 훈련을 위해 눈으로 좋아 보이는 것을 취하지 않아야 한다. 하나님을 경외하는 자에게 지혜와 계시를 분별할 수 있는 하늘의 능력과 은총이 부어진다. 영을 분별하자. 많은 것을 하지 않더라도 좋다. 적어 보이지만 정확한 한 가지를 하는 것이 수많은 일에 개입되어 에너지를 낭비하는 것보다 낫다.

대가를 지불한 다윗의 세대로 부르심을 받은 사람일수록 그들의 삶은 더욱 간소화되고 있음을 느끼고 있을 것이다. 복잡해지는 세상 속에서 단순해지는 영적 훈련에 힘쓰자. 하나님으로부터 오지 않은 사람의 생각을 정당화시키는, 사람의 말은 땅에 떨어지게 될 것이다. 하나님으로부터 시작된 하늘 차원의 영역이 다윗의 세대에게 더욱 가시화되어 열리게 된다. 지금이 바로 킹덤 차원의 삶의 방식이 이 땅에서 장착되어야 하는 때라는 것이다.

고립의 시간

 다음 단계로 나아가기 위한 준비의 시간과 고립의 시간은 차원이 다르다. 준비의 시간은 끝이 보인다. 사람들로부터 인정을 받을 수도 있고 누군가에게 조언을 구할 수도 있다. 반면에 고립의 시간은 끝이 언제인지 모른다. 누군가에게 조언을 구하는 것은 아무런 도움이 되지 않는다. 욥이 겪어야 했던 것과 흡사하다. 그럴싸한 세 친구의 말들이 있었다. 그런데도 하나님께서는 그들의 말이 틀렸다고 하셨다. 욥은 하나님만 바라봐야 하는 시간에 깊은 믿음과 내성이 길러졌다. 고립된 시간이었다. 아무도 알아주지 않는 고통의 시간이었다. 아내도 욥이 하나님을 향한 태도를 바꿔서 이 고립의 고통을 끝낼 선택을 하길 원했다. 그러나 욥은 알았다. 이 시간을 정면 돌파하여 끝내지 않으면 나중에 똑같은 훈련이 반복될 것이란 것을 말이다.

 다윗의 세대는 고립의 시간을 통해 준비의 완성 단계를 거쳤다. 완전히 세상으로부터 분리되는 시간, 할 수 있음에도 하지 않는 방법을 배우는 시간이었다. 남들이 하는 대로 다 취하는 것은 좁은 길을 걷는 자의 태도가 아니다. 세상의 이치에도 기회비용이 따른다.

무언가 얻기 위해서 반드시 잃는 것이 있다는 말이다. 고립의 시간도 마찬가지다. 지금 고립된 것만 같고 남들이 말하는 대로 가지 않는 것만 같은 느낌이 든다면 잘 가고 있는 것이다. 하나님의 방법은 늘 사람의 예상을 뛰어넘기 때문이다.

마지막 때 신부로서 나만이 할 수 있는 사명이 있다. 그 누구도 대신 할 수 없는 한 가지를 발견할 수 있어야 한다. 이것은 신학교나 교회의 유명 강사를 통해 배워지는 것이 아니다. 스스로 고통과 고립의 자리를 선택하여 집중할 때 비로소 몸으로 깨달아지고 얻어지는 것이다. 중세 시대 교회가 잠든 것만 같은 암흑의 때에 사막의 교부들이 그랬다. 말씀을 살아내는 자에게 부여되는 초자연적인 기적과 이적의 역사가 있었다. 그들은 현상에 집중하지 않았다. 사람이 상상할 수 있는 영역 밖의 일들을 자랑하지도 않았다. 그저 묵묵하게 고립됨을 자처하여 그때 그 시기에 그들만이 해야하는 일을 견뎌낸 것이다. 세기가 지나도 성령님의 역사하심에는 제한이 없다.

마지막 때에 있을 마지막 영적 전쟁을 위해 준비된 그릇들은 알 것이다. 주님께서 지금 더욱 고립의 자리로 이끌고 계심을 말이다. 고립의 시간을 견뎌내라. 피할 수 없으면 즐기라고 하지 않겠다. 이 시간은 그냥 살아내는 시간이다. 계획하지도 말라. 무엇을 많이 하려고 할 필요도 없다. 사람들에게 인정받으려고 하지 않아도 된다. 실제로 내게도 고립의 시간이 여러 차례 있었다. 다시 언급하지만, 이 시간은 준비의 시간이 아니다. 다음 단계를 위해 이력서를 쓰거나 책을 많이 읽거나 사람을 만나서 조언을 구하는 시간이 결코 아니라는 뜻이다. 고립의 시간 동안 주님은 나에게 또다시 한번 잊히고 지워지기를 원하셨다. 수백 명 이상의 연락처를 삭제하고 드러난 모든 것을 드러내지 않으려고 노력했다. 이 시간에는 오직 나와 주님밖에 없었다. 자녀도 아내도 웃음을 주지 못했다. 삶은 더욱 간소화되었고 주님의 공급으로 살아가게 하셨다. 말씀과 기도 외에 다른 방도가 없었다.

마지막 때에 일어날 일들이 더 명확히 보이게 되었다. 두려움이 물밀듯이 엄습해왔다. 내가 잘되고자 붙잡았던 것들이 허상임을 알게 되었다. 주님은 나에게 더 깊은 차원의 성경적 이해를 주고자 하셨다. 이때 깨닫게 되었다. 모든 것을 드러낸다고 해서 다 아는 것처럼 보이지 않는다는 것이다. 사람들은 자신이 어떤 사람인지 모든 방법을 동원해서 어필하는 시대에 살고 있다. 주의 종들도 그렇다. 자신의 패를 여러 방법으로 다 보이고 있는 때다. 하지만 주님은 나에게 다 말할 필요도 없고 다 드러낼 이유도 없다는 것을 말씀하셨다. 하나님으로부터 온 것은 다 드러나게 될 것이다. 그분의 타이밍이 있다. 그때까지 잠금의 동산에서 말할 때와 하지 않을 때를 분별하는 훈련이 필요하다. 멀리 내다보고 끝까지 달릴 힘은 고립의 시간으로부터 나온다. 더 숨겨지고 더 낮아질수록 교만하지 않고 겸손하게 주의 길을 예비하는 자로서, 원하시는 데로 나아갈 수 있게 되는 것이다.

7. 다윗의 장막

(아모스 9:11/개역개정) 그날에 내가 다윗의 무너진 장막을 일으키고 그것들의 틈을 막으며 그 허물어진 것을 일으켜서 옛적과 같이 세우고

하늘 보좌를 흔드는 천상의 예배

다윗의 장막은 완전한 이방 교회와 유대 이스라엘의 회복이며 주님 다시 오심을 예비하는 지성소 예배의 원형이다. 다윗의 장막에서 경험되는 예배를 통해서 하늘 차원의 영역이 풀어지고 있다. 하나님은 마지막 날이 가까워짐에 따라 다윗의 장막을 통한 기름 부으심을 전 세계에 풀어 놓고 계신다. 이것은 예슈아께서 다시 오실 때 당신의 자녀들과 함께 이 땅에서 천년 왕국 동안 풀어 놓으실 하

나의 복합체다. 우리는 이를 통해 이 땅에서 풀면 하늘에서도 풀리는 예언적 경배를 경험하게 된다. 예언적 경배는 또 다른 예언적 선포와 문을 열어 놓는다.

다윗의 장막 안에서 풀어지고 선포되는 하나님의 말씀은 하나도 땅에 떨어지지 않는다. 왜냐하면 이미 하늘 보좌에서 흘러나오는 권세가 회중의 예배 가운데 임하기 때문이다. 다윗의 장막 안에는 강력한 하나님의 임재가 있고 사람을 압도하는 굉장한 파워가 있다. 이는 하나님의 떨기나무 앞에 서게 된 모세가 경험한 신을 벗음과도 같고, 다윗이 장막에서 여호와의 신이 강림하심을 경험한 것과도 같다.

다윗의 장막 안에서는 예슈아께서 쥐고 계신 열쇠가 다윗과 같은 예배자들에게 주어진다. 주님은 신실한 예배자들에게 이 땅에서 모든 문을 여는 권능을 주시고 하늘 차원의 생명의 씨앗을 이 땅에 심도록 허락하신다. 천상의 보좌 경배 안에서는 아무런 말이 필요 없다. 이곳에서는 오직 주님을 향해 고정된 시선만 있을 뿐이다. 다윗의 장막 예배는 무너지고 허물어진 틈을 메우고 태초의 에덴동산 차원의 킹덤 관점들을 회복시킨다. 하나님 나라의 완전한 회복과 통치가 다윗의 장막에서 실행되고 펼쳐지는 것이다.

하나님의 강력한 임재 안에서는 더 이상 설교자의 화려한 언변과 지식도 통하지 않는다. 설교자도 회중도 성령님의 다스리심에 겸손히 엎드리게 된다. 그 강력한 임재 안에서 모든 예배자는 숨이 멎는다. 기타와 피아노에 국한되었던 예배의 도구도 그 가능했던 범위가 확장된다. 사람이 정해 놓은 예배에 대한 경계선이 무너진다. 깃발, 쇼파르, 북, 장구, 탬버린, 소고와 함께 춤을 추고 노래를 부르며 장단에 맞춰, 짜이지 않은 각본에서 몸으로 주님을 찬양한다. 블레셋으로부터 언약궤 탈환에 성공하여 너무 기쁜 나머지 바지가 내려가는 줄도 몰랐던 다윗 왕의 모습을 상상하면 좋다. 왕 앞에서는 더 이상 사람의 알량한 자존심도 필요 없다. 경건하고 엄중한 의식을 지켜온, 모든 예배에 대한 틀이 깨지는 순간이다. 다윗의 장막 안에서의 예배는 그야말로 여호와를 기뻐하는 것이 우리의 힘이라는 말씀이 실체가 되기 때문이다.

태초에 하나님께서 사람을 지으시고 나누셨던 친밀함의 기쁨도 회복된다. 심지어 다윗이 예배드렸던 장막 안에는 번제단과 물두멍이 존재하지 않았다. 모세의 장막과는 전혀 딴판이다. 다윗이 하나님 앞에 반응했던 것은 모든 제사적인 의식을 뛰어 넘었다. 그는 법궤 앞에서 오로지 여호와의 통치만을 받은 것이다. 다시 말해서 하나님을 찬양하는 예배자가 주님 앞에 얼굴과 얼굴을 맞대고 서 있는 곳이 다윗의 장막이다.

다윗은 노래하는 자를 288명이나 세운다. 역대상 25장에 성전 찬양대를 총 24팀으로 나누는데, 각 팀에 12명씩을 세운 것이다. 지금으로 말하면 주일 낮 예배에 서는 성가대를 24시간 7일 쉬지 않고 세운 셈이다. 24시간 기도의 집의 예배가 최초로 드려졌다고 언급된 것이 다윗의 장막 예배다.

(요한계시록 4:1~11) 1 "그 뒤에 내가 보니, 하늘에 문이 하나 열려 있었습니다. 그리고 전에 내가 들은 그 음성, 곧 나팔 소리와 같이 나에게 들린 그 음성이 "이리로 올라오너라. 이 뒤에 일어나야 할 일들을 너에게 보여 주겠다" 하고 말하였습니다. 2 나는 곧 성령에 사로잡히게 되었습니다. 그런데 하늘에 보좌가 하나 놓여 있고, 그 보좌에 한 분이 앉아 계셨습니다. 3 거기에 앉아 계신 분은, 모습이 벽옥이나 홍옥과 같았습니다. 그 보좌의 둘레에는 비취옥과 같이 보이는 무지개가 있었습니다. 4 또 그 보좌 둘레에는 보좌 스물네 개가 있었는데, 그 보좌에는 장로 스물네 명이 흰 옷을 입고, 머리에는 금 면류관을 쓰고 앉아 있었습니다. 5 그 보좌로부터 번개가 치고, 음성과 천둥이

울려 나오고, 그 보좌 앞에는 일곱 개의 횃불이 타고 있었습니다. 그 일곱 횃불은 하나님의 일곱 영이십니다. 6 보좌 앞은 마치 유리 바다와 같았으며, 수정을 깔아 놓은 듯하였습니다. 그리고 그 보좌 가운데와 그 둘레에는, 앞 뒤에 눈이 가득 달린 네 생물이 있었습니다. 7 첫째 생물은 사자와 같이 생기고, 둘째 생물은 송아지와 같이 생기고, 셋째 생물은 얼굴이 사람과 같이 생기고, 넷째 생물은 날아가는 독수리와 같이 생겼습니다. 8 이 네 생물은 각각 날개가 여섯 개씩 달려 있었는데, 날개 둘레와 그 안쪽에는 눈이 가득 달려 있었습니다. 그리고 그들은 밤낮 쉬지 않고 "거룩하십니다, 거룩하십니다, 거룩하십니다, 전능하신 분, 주 하나님! 전에도 계셨으며, 지금도 계시며, 또 장차 오실 분이십니다!" 하고 외치고 있었습니다. 9 영원무궁 하도록 살아 계셔서 그 보좌에 앉아 계신 분께, 그 생물들이 영광과 존귀와 감사를 드리고 있을 때에, 10 스물네 장로는 그 보좌에 앉아 계신 분 앞에 엎드려서, 영원무궁 하도록 살아 계신 분께 경배드리고, 자기들의 면류관을 벗어서, 보좌 앞에 내놓으면서 11 "우리의 주님이신 하나님, 주님은 영광과 존귀와 권능을 받으시기에 합당하신 분이십니다. 주님께서 만물을 창조하셨으며, 만물은 주님의 뜻을 따라 생겨났고, 또 창조되었기 때문입니다" 하고 외쳤습니다."

예배의 원어 라트레우오는 엎드린다는 뜻이다. 경배받기에 합당하신 주님 앞에 완전히 순복하는 것이다. 이는 마치 계시록 4장에 언급된 하늘의 예배와도 같다. 밤낮 쉬지 않고 주님 앞에 "주님은 거룩하십니다. 이전에도 계셨고 지금도 계시며, 곧 다시 오실 왕이십니다!"라고 외치는 것이다.

다윗의 장막 안에서는 마라나타를 외치고, 깃발 흔들고, 쇼파르를 불며 주님을 온전한 마음으로 높여 드린다. 예배자의 눈앞에 환상이 펼쳐지기도 하고 레마의 말씀이 주어지면 그대로 선포한다. 선포된 말씀은 이전에 행하신 일과 지금 행하시는 일을 찬양하며 동시에 미래 차원의 예언적 말씀을 대언하는 역할을 한다. 다윗의 장막을 통해 이스라엘과 예루살렘의 문을 열고 평안을 구하게 되며 열방의 신부들이 일어날 것을 선포한다. 하늘 보좌를 움직이는 지휘 통솔 본부의 역할을 수행하는 것이다.

다윗의 장막과 초대교회의 회복

실제로 초대 교회의 교인들이 모인 장소의 특징은 다음과 같다. 첫째로 사람들이 모이기 용이한 누군가의 집이었다. 두란노 서원과 같은 장소에서 사람들이 모였고 구약 성경을 낭독하며 사도들이 작성한 서신을 돌려 읽었다. 그들은 하나님의 말씀을 입술로 읊는 '하가

다'를 실천했다. 둘째로 순교자의 터 위에 집을 짓거나 무덤에서 예배를 드렸다. 예수님의 이름 때문에 목숨이라는 대가를 치른 사람들이 머문 공간에서 공동체로서 예배드리기를 힘쓴 것이다. 마지막 때에 다윗의 장막으로 기능하는 장소는 초대교회의 교인들이 모였던 것과 비슷할 것이다. 이곳은 하늘과 땅의 연결된 공간이다. 순교자들의 피와 땀이 땅에 가득한 기도와 예배의 처소이다. 초대교회 안에 교회와 이스라엘이 있다. 초대교회의 교인들은 유대인이면서 이방인이었기 때문이다. 한 새 사람을 이룬 것이다. 마지막 때는 한 새 사람의 회복이 일어나는 때다. 이미 열방 가운데 알리야를 통해 유대인들이 고토인 이스라엘로 빠르게 돌아가고 있다. 교회도 마찬가지다. 역사는 소수의 무리를 통해 창조 및 전승이 되어왔다. 하나님의 정의와 공의를 지켜내는 작은 자의 무리가 마지막 때에 빛을 발하게 될 것이다. 이들은 교회의 본질이 무엇인지 깊게 고민해왔다. 이 땅에 완전한 교회가 없음을 알고 킹덤을 바라보며 나아가는 사람들이 다윗의 장막의 깊은 의미를 발견하게 될 것이다.

땅과 하늘의 데스티니

하나님께서는 사람을 목적에 따라 다르게 부르셨다. 사명과 부르심이 다른 것이다. 도시도 마찬가지다. 도시와 나라마다 가지고 있는 유업이 다르다. 용서와 화해를 통해 태초에 에덴동산의 하나로 연합된 모습을 회복하여 나가는 것이다. 지금이 마지막 때이기 때문에 이 영역이 더욱 선명하게 열리고 있다.

하늘의 통치 방식은 먼저 사람을 찾는다. 빛 되신 주님의 도구로 중요한 역할을 감당할 키 맨을 지정하시고 비밀을 풀어나가도록 인도해주신다. 한꺼번에 다 보여주지 않으신다. 큰 그림 차원의 언약을 먼저 주시고 언약이신 주님께서 몸소 말씀을 성취해가신다. 언약을 받은 이들은 하늘과 땅의 데스티니를 알게 된 사람들이다. 하늘에서 반드시 풀어져야 할 성령님의 명령이 이 땅에서도 풀어지도록, 헤세드의 사랑으로 에하드의 연합을 가져오는 것이다.

하나님의 언약은 지금도 하늘에서도, 땅에서도 풀리고 있다. 땅과 하늘의 데스티니는 하나님의 사람들이 마땅히 있어야 할 곳에서 믿음으로 주님을 바라볼 때 완성된다. 아비 세대의 돌파와 희생으로 수축한 왕의 대로에 자녀 세대가 나아갈 때가 가까워지고 있는 이 엔드 타임의 때를 살아가는 것은 영광이다. 하나님의 사람이 믿음을 갖고 두려움을 넘어설 때 각 사람과 도시와 민족과 국가를 향한 땅과 하늘의 데스티니가 완전함을 향해 나아가게 될 것이다.

8. 다윗의 최후

(스가랴 8:23) 나 만군의 주가 말한다. 그 때가 되면, 말이 다른 이방 사람 열 명이 유다 사람 하나의 옷자락을 붙잡고 '우리가 너와 함께 가겠다. 하나님이 너희와 함께 계신다는 말을 들었다'하고 말할 것이다.

스가랴 8장 23절의 비밀

다윗의 세대는 이스라엘을 축복하는 세대다. 이 세대는 시편 110편 3절 말씀과 같이 "주의 권능의 날에 새벽이슬과 같은 주의 청년"들이다. 이들은 자원하는 심정으로 주님께 순종하는 자들이다. 신앙이란 하나님을 향한 순종이다. 사람은 나이가 들수록 경험이 많아지고 그때부터 계산하기 시작한다. 하지만 하나님의 사람들은 계산하지 않고 순종하는 순수한 자들이다. 주님이 말씀하시면 행하는 자들이다. 이들은 흠 없고 점 없이 순결하며 순교까지 마다하지 않는다.

지난 2,000년의 역사 동안 전 세계에 흩어졌던 유대인들이 다시 1948년에 국가를 재건하고 고향 땅으로 돌아가고 있다. 쉽게 말해서 구원의 복된 소식으로 가득한 성경이라는 대역사 드라마의 결말 부분으로 들어가고 있다는 것이다. 하이라이트는 예수님의 다시 오심이다. 신랑이 오시면 주님을 따르는 신부와의 결혼식이 이뤄진다. 그전에 있어야 할 일이 있다. 이방 사람 열 명으로 구성된 하나님 나라의 군대가 한 명의 유대 사람을 붙잡는 일이다.

마지막 때, 대부흥을 통해 세계 수많은 사람이 구원을 얻게 될 것이다. 이들이 이스라엘로 몰려들게 될 것이고 유대인을 축복하며 사랑하게 된다고 성경은 약속하고 있다. 이미 이러한 일들이 이뤄지고 있는 이 시점에 다윗의 세대는 어떤 자들이며 이들의 최후는 어떻게 될까?

세상 바빌론과 하나님 나라

> (마태복음서 1:17) 그러므로 그 모든 대 수는 아브라함으로부터 다윗까지 열네 대요, 다윗으로부터 바빌론에 끌려갈 때까지 열네 대요, 바빌론으로 끌려간 때로부터 그리스도까지 열네 대다.

공중의 권세 잡은 사탄 마귀는 바빌론 세상에서 좁혀져만 가는 입지를 더욱 굳건하게 하려고 발버둥을 치고 있다. 수단과 방법을 가리지 않고 인간의 유전자를 조작하고 파괴해서 하나님의 아들들이 일어나는 것을 막아서고 있다. 성경에서는 할 수 있는 방법을 다 동원해서라도 믿음 위에 잘 서 있다고 하는 사람들을 흔들 것이라고 말한다. 우리는 이미 이 바빌론 왕국 시스템에 잘 길들어 가고 있다. 사실 우리의 일상을 주도면밀하게 들여다보면 최첨단 기술의 힘을 빌리지 않아도 해결할 수 있는 일들이 많다. 사람의 속성이 끊임없이 편리함을 추구하는 것의 결과다.

인류는 지금도 합리적인 사고와 변화, 전환을 꿈꾼다. 바빌론 시스템을 굴러가게 하는 원천은 이기심과 경쟁 구도다. 살아남기 위해 누군가를 희생 시키는 것이다. 이것은 이미 성경의 초입부터 존재해 왔다. 천사였던 사탄이 하나님의 영광을 가로챈 순간부터, 그리고 가인이 아벨을 죽이고 혼자 주님 앞에 섰을 때부터다. 사람은 반드시 죽는다. 예수 믿는 그리스도인들이 죽으면 하나님 앞에 서게 된다. 심판이 반드시 있을 것이다. 우리는 영원히 하나님을 예배하는 예배자로 서게 될 것이다.

이방 여인 룻과 유대 남자 보아스의 결혼으로 다윗의 할아버지인 오벳이 태어났다. 오벳은 다윗의 아버지인 이새를 낳는다. 이새에게 다윗이 태어나는 예수 그리스도의 계보가 이어진다. 타작마당에서 이삭을 줍던 여인 룻을 그린 밀레의 '이삭줍기'라는 작품이 있다. 마지막 때에 대추수의 일꾼으로 부르심을 받은 자들은 이런 이삭을 줍는 자들이다. 은혜의 문이 닫히기 전에 주님은 당신의 구원받을 백성들을 택하고 계신다. 이들이 바빌론과 같은 세상에서 포로로 갇힌 자들을 감옥에서 나오게 할 자들이다. 이제 곧 대추수가 시작될 것이다.

(이사야서 42:6~7) 6 "나 주가 의를 이루려고 너를 불렀다. 내가 너의 손을 붙들어 주고, 너를 지켜 주어서, 너를 백성의 언약과 이방의 빛이 되게 할 것이니, 7 네가 눈먼 사람의 눈을 뜨게 하고, 감옥에 갇힌 사람을 이끌어 내고, 어두운 영창에 갇힌 이를 풀어 줄 것이다."

십자가를 질 수 있냐고 주가 물어보실 때 죽기까지 따르겠다고 대답하는 자들은 최후 승리를 얻기까지 주의 십자가를 사랑한다. 갈보리 산 위에서 십자가에 달리신 예수님을 바라보는 자는 구원을 얻는다. 믿음의 선진들의 순교와 눈물이 담긴 찬송가에는 깊은 울림과 신앙적 고백이 깃들여 있다. 찬송가 가사의 말씀을 노래하며, 성경 구절로 믿음을 고백하는 다윗의 세대. 비본질적인 각종 화학조미료와 첨가물을 제거하고 천연의 모습 그대로 본질만을 사수하려는 하나님의 히든카드의 세대는 십자가 군대다. 하나님 나라의 군대여, 최후 승리를 얻기까지 주의 십자가 지고 원수를 사랑하며 묵묵히 그 길을 걸어나아가라!

마치는글

혼인 서약을 하신 이가 다시 오셔서 결혼식을 할 때가 점점 더 가까워지고 있다. 예수님과 신부 된 우리 교회의 혼인 잔치가 마련되어 있다. 지난 수천 년 동안 이스라엘을 통해 말씀해 오셨던 하나님의 섭리를 사탄은 교묘히도 속여 왔다. 이제 주님이 다시 오실 때가 가까워질수록 악한 자의 계략을 간파하고 돌파하는 히든카드의 세대가 등장할 때가 가까이 왔다. 이들은 숨겨져 왔던 세대이고 광야라는 야생 속에서 강하게 훈련되어 준비된 세대다. 다윗은 하프를 연주하며 하나님의 임재를 땅에 풀어 놓은 하늘과 땅의 연결자가 되었다. 마찬가지로 땅에서 하늘의 일을 풀어내고 묶어내는 마지막 세대이자 주자들이 달릴 준비가 된 것이다.

깃발을 들어 흔들며 쇼파르를 맑고 우렁차게 부는 예언적 경배의 군대가 준비되었다. 이들의 가슴속엔 십자가에 달리신 예수 그리스도에 대한 뜨거운 사랑이 있다. 하나님과의 친밀함이라는 기름 부으심이 이들을 명령하여 소집하고 전쟁터에 내보낼 것이다. 이들은 이기는 자로 죽음도 불사하고 선교하는 세대다. 이 마지막 주자의 선교 세대는 하나님께서 최고의 선교사이시기에 최상의 교육을 직접 받아왔다.

주님께서 다윗의 세대를 세우셔서 깃발을 흔들며 고지에 서서 적군을 향해 하나님의 이름을 외치게 하실 것이다. 온 만물과 족속과 방언과 민족에 예수 그리스도의 이름만 높임을 받을 것이다. 하나님께서 그렇게 디자인하셨고 완성시키실 것이기 때문이다.

마지막 때 악한 자들의 계략이 밝혀질수록 어둠에 집중하지 말고 빛에 몰두해야 한다. 빛이신 예수님 앞에 무릎 꿇고 주님의 세밀한 음성을 듣는 자들, 이 소수 신부의 군대가 마지막 사명을 감당하게 될 것이다. 이스라엘을 축복하며 유대인이 예슈아께 돌아오도록 기도하며 실제로 만나서 전도할 세대가 일어나길 기도하자. 세계 선교의 완성을 위해 구별된 새벽 이슬과 같은 청년의 무리가 한국과 중국과 일본에서 연합되어 북한을 지나 이스라엘까지 나아가게 될 것이다. 할렐루야!

※ 이 책은 쇼파르프레스를 통해 독점 계약되었습니다. 저작권법에 의해 보호를 받는 저작물이므로 무단 전제와 무단 복제를 금합니다.

하나님의 히든 카드
다윗의 세대

초판 인쇄 | 2023년 02월 16일
초판 발행 | 2023년 02월 23일

지은이 | 최석일
펴낸곳 | 쇼파르프레스
발행인 | 최석일
디자인 | 최성경
등록번호 | 제2018-000020호
주소 | 광주광역시 남구 수박등로 29-1
인쇄처 | 성광인쇄

ISBN | 979-11-966066-2-6
값 | 10,000원